문법
51일 달성
학습 계획표

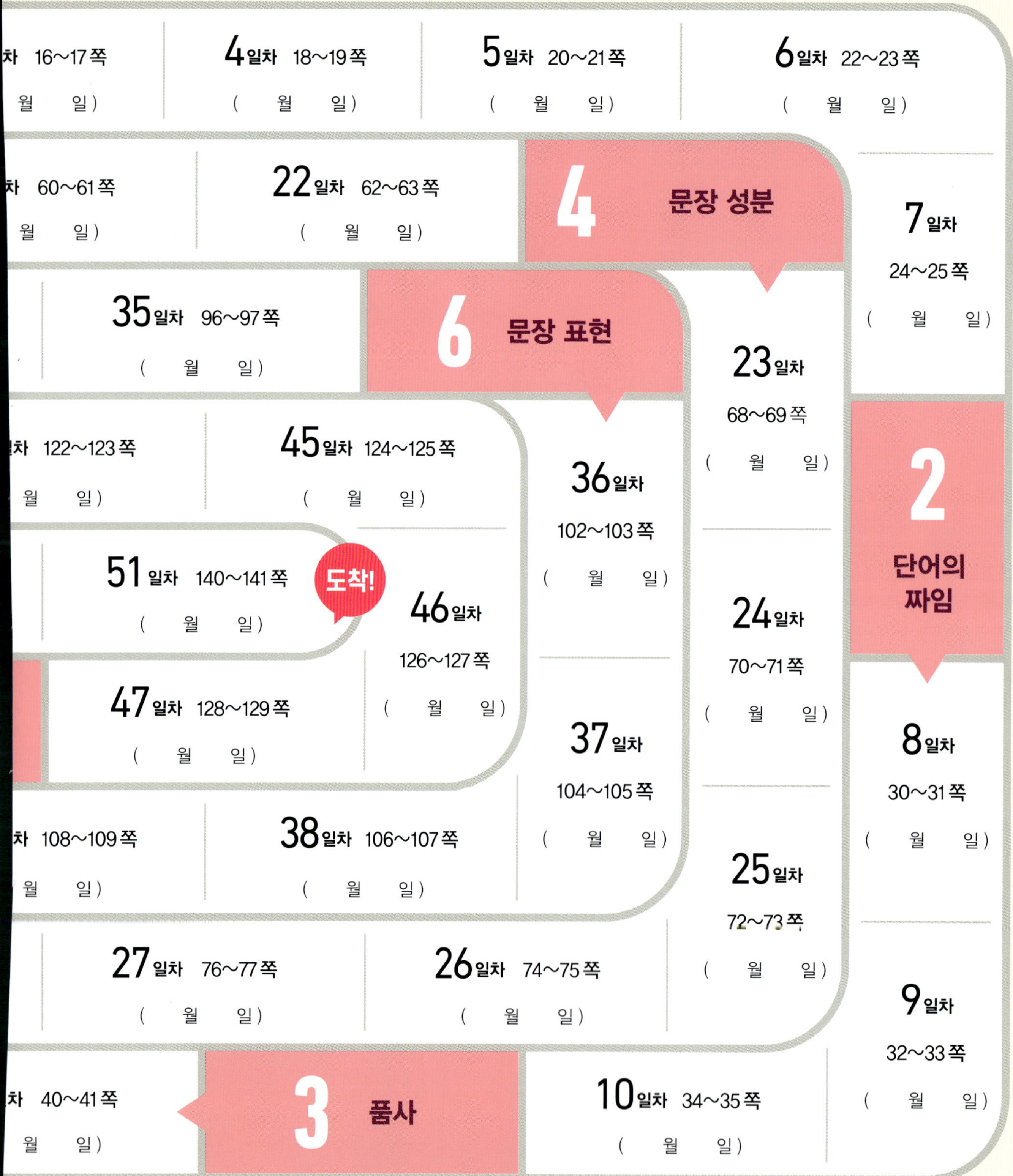
차 16~17 쪽
(월 일)
4일차 18~19 쪽
(월 일)
5일차 20~21 쪽
(월 일)
6일차 22~23 쪽
(월 일)
차 60~61 쪽
(월 일)
22일차 62~63 쪽
(월 일)
4 문장 성분
7일차 24~25 쪽
(월 일)
35일차 96~97 쪽
(월 일)
6 문장 표현
23일차 68~69 쪽
(월 일)
차 122~123 쪽
(월 일)
45일차 124~125 쪽
(월 일)
36일차 102~103 쪽
(월 일)
2 단어의 짜임
51일차 140~141 쪽
(월 일)
도착!
46일차 126~127 쪽
(월 일)
24일차 70~71 쪽
(월 일)
47일차 128~129 쪽
(월 일)
37일차 104~105 쪽
(월 일)
8일차 30~31 쪽
(월 일)
차 108~109 쪽
(월 일)
38일차 106~107 쪽
(월 일)
25일차 72~73 쪽
(월 일)
27일차 76~77 쪽
(월 일)
26일차 74~75 쪽
(월 일)
9일차 32~33 쪽
(월 일)
차 40~41 쪽
(월 일)
3 품사
10일차 34~35 쪽
(월 일)

빠작 초등 국어 **문법 학습표**

학습 계획표를 따라 차근차근 문법 학습을 시작해 보세요.
빠작과 함께라면 문법도 어렵지 않습니다.

초등 국어

문법

5·6학년

『빠작 초등 국어 문법』은 앞에서 배운 작은 문법 개념들이 누적되어 벽을 세우고 집을 만드는 형태로 문법 체계를 이해하게 한 점이 인상적입니다. 또한 개념, 설명, 관련 내용의 색을 다르게 제시하여 마치 선생님께서 옆에서 설명하는 것과 같은 착각을 느끼게 하는 덧붙임 내용을 적절하게 제시한 부분이 참 좋습니다. 문법 개념 중에 학생들이 자주 혼동되거나 어렵게 느끼는 요소를 콕콕 짚은 점도 정밀한 문법 지식을 갖게 하는 데 도움이 될 듯합니다. '문법'이라고 하면 어렵고 딱딱하다고 선입견을 품는 학생들에게 '문법 공부'의 재미를 선사하고, '문법 지도'라는 생각의 틀을 잡게 하는 교재이기에 강력히 추천합니다.

강용철 교사 | EBS 국어 대표 강사

초등학교 고학년이 되면 많은 학생들이 영어 문법을 공부하기 시작합니다. 하지만 정작 국어는 당연히 알 것이라고 생각하고 소홀히 다루기 쉽습니다. 그러나 정확한 국어 문법을 익히는 것은 국어 성적을 향상 시키는 데 매우 중요한 역할을 합니다. 상위권 입시는 국어 성적이 좌우한다고 하는데, 국어 성적은 문법이 좌우하기 때문입니다. 그러나 지금까지 시중 문제집에서 초등학생을 위한 체계적인 문법 학습서가 부족했습니다. 이번에 국어 학습서로 명성이 높은 빠작 시리즈에서 『빠작 초등 국어 문법』이 출시되어 반가운 마음입니다. 이 책은 다양한 예시와 문제, 쓰기 활동을 통해 아이들이 자연스럽게 국어 문법을 익힐 수 있게 구성되었습니다. 명불허전 빠작 시리즈를 통해 촘촘히 공부하다보면 어렵게만 느껴졌던 국어가 한층 쉽고 편하게 다가올 것입니다.

최선민 교사 | 『오늘부터 초등 어휘왕』 저자

국어는 언어이고, 그 목적은 소통입니다. 국어 문법을 공부할 때도 꼭 지켜야 하는 중요한 원칙을 『빠작 초등 국어 문법』은 충실히 지키고 있습니다. 누구라도 쉽게 읽어 나갈 수 있는 국어 문법 교재, 어렵지 않은 설명과 쓰기를 통해 배움을 확인하는 교재의 구성이야말로 누구라도 익혀야할 국어 문법 학습의 바르고 효과적인 방법이라고 생각하며, 『빠작 초등 국어 문법』의 최고 장점이라고 추천합니다.

최성호 원장 | 에이프로 아카데미

기존 초등 대상 문법 학습서들은 최대한 간단하고 쉽게 설명을 해 왔지만 문법은 쉽게 설명한다고 쉬워지는 것이 아닙니다. 쉽게 설명하면 오히려 무엇이 무엇인지 이해하지도 못한 채 두루뭉술하게 넘어가게 되는 의미 없는 학습이 됩니다. 그래서 초등학생 또는 저학년을 대상으로 할수록 정확한 개념을 설명해 주어야 하고, 가급적 예를 많이 보여 주어야 합니다. 『빠작 초등 국어 문법』은 문제가 아주 재미있습니다. 과거의 천편일률적인 문제들, 기계적으로 반복되는 형태의 문제들과 달리, 유형이 다양하고 새로우면서도 개념의 이해를 위해 꼭 필요한 문제로 구성되어 있습니다. '아! 이런 식의 문제가?' 문제를 풀어 보면서 절로 고개를 끄덕이고, 감탄을 했습니다. 『빠작 초등 국어 문법』은 초등학생들을 위한 문법 학습서의 기준이 될 것이라고 생각합니다.

이석호 원장 | 이석호국어학원

문법을 어려워하는 중학생들이 많습니다. 그리고 문법을 어려워하는 고등학생은 더욱더 많습니다. 초등학교 때부터 문법을 친숙하게 공부해 두고 문법의 재미를 알아가면 수능에서 문법 때문에 고생하지 않아도 됩니다. 다만 지금까지는 초등학생이 수준에 맞게 문법을 재미있고 탄탄하게 공부할 수 있는 책이 없었습니다. 『빠작 초등 국어 문법』은 재미와 수준 있는 문법 공부의 균형을 갖춘 책입니다. 문법 공부가 필요한 전국의 모든 초등 고학년 학생들이 문법 공부의 바이블로 삼기에 충분하겠다는 생각이 들어 이 책의 출간이 매우 반갑습니다.

김소희 원장 | 한올국어학원

"영어는 오피스텔 한 채, 수학은 집 한 채를 팔면 되지만 국어는 다시 태어나야 한다."라는 우스갯말을 들어 본 적 있으신가요? 2028 수능 개편안에서 선택 과목이었던 '문법'이 공통 과목으로 편입되어 중학교 과정에서 문법 교육이 더욱 강화되고 난도 또한 높아졌습니다. 이에 따라 초등 고학년부터 국어 문법 학습의 필요성이 요구됩니다. 국어 문법 학습은 말하기와 글쓰기에도 긍정적인 영향을 미칩니다. 문장 성분 중 주가 되는 주어, 서술어, 목적어, 보어의 개념과 역할을 잘 이해한다면 주어의 중요성을 배워 말을 하거나 글을 쓸 때 놓치지 않을 가능성이 큽니다. 자신의 의견을 명확하게 표현하게 되면 자신감 향상에도 도움이 됩니다.

정예슬 작가 | 전직 초등 교사

문법 학습, 초등부터 시작해야 합니다

Q 문법은 왜 학습해야 할까요?

누구나 대화를 하거나 글을 읽을 때, '무슨 말을 하는지 이해가 안 될 때'가 있습니다. 상대방이 잘못 표현했을 수도 있고, 우리가 잘못 알아듣고 이해하지 못했을 수도 있습니다. 어디에서부터 잘못되기 시작한 것일까요? 질문에 답하기 전에 다음 문제를 풀어 보세요.

> **문제** **다음 문장에 들어갈 알맞은 말을 고르세요.**
>
> 1. 아빠가 한약을 (다려, 달여) 주셨다.
>
> 2. 잔디가 아이들에게 (밟이다, 밟히다).
>
> 3. 선생님께서 너 교실로 (오시래, 오라셔).
>
> 4. 주문하신 커피 (나왔습니다, 나오셨습니다).
>
> 5. 아프지 말고 (건강하세요, 건강하게 지내세요).

위에 제시한 문장들은 일상생활에서 흔히 잘못 쓰는 표현입니다. 바른 표현이 무엇인지, 왜 그렇게 표현해야 하는지를 문법에 따라 말할 수 있다면, 다른 사람과 분명하고 정확하게 생각을 주고받을 수 있을 것입니다.

문법은 우리말을 다루고 쓰는 규칙입니다. 따라서 문법에 맞게 말하고, 글을 써야 정확하게 자신의 생각을 전달할 수 있습니다. 이런 점에서 문법은 화법과 작문의 기초입니다. 또한 독해의 기초이기도 합니다. 주어와 목적어, 서술어와 같은 문장 성분을 확인하여 문장을 정확하게 이해할 수 있고, 여러 문장 표현들을 통해 글의 의도를 짐작하고 앞으로의 전개 방향을 예측할 수도 있습니다.

그럼, 위의 문제를 몇 개나 맞혔는지 채점해 보세요.

> **정답** 1. 아빠가 한약을 **달여** 주셨다.
>
> 2. 잔디가 아이들에게 **밟히다**.
>
> 3. 선생님께서 너 교실로 **오라셔**.
>
> 4. 주문하신 커피 **나왔습니다**.
>
> 5. 아프지 말고 **건강하게 지내세요**.

 **초등부터 문법을 학습해야 할까요?**

  초등학교 때부터 평소에 듣고 말하고 쓰는 표현을 문법에 맞게 사용하고 이해할 수 있어야 합니다. 본격적인 학업이 시작되는 **초등학교 시기부터 바르고 정확한 언어 습관을 체득화하는 것은 물론, 문법을 학문적으로 이해하며 언어적 사고를 확장하는 것이 학업을 수행하는 데 효율적이기 때문입니다.** 그리고 지금부터 쌓는 문법 실력은 향후 대학수학능력시험에도 영향을 미칩니다.

  다음은 2028학년도부터 적용되는 대학수학능력시험 국어 영역입니다.

	~2027학년도 국어 영역	2028학년도 국어 영역
공통	독서, 문학	화법과 언어, 독서와 작문, 문학
선택	화법과 작문, 언어와 매체	

  위에서 보는 것과 같이 2028학년도부터 수능 국어 영역은 선택 과목이 폐지되고 모두 공통 과목으로 변경됩니다. 이 중 '언어'가 바로 '문법'입니다. 수능에서 문법은 정교한 규칙 아래 다양한 언어 사례를 적용시키며 해결하는 고난도 문제로 출제되기 때문에, 상위권의 등급을 가르는 역할을 합니다. 또한 중학생들이 국어 과목에서 가장 어려워하는 부분으로 문법을 꼽기도 합니다. 따라서 중학교에 올라가기 전, 초등학교 때부터 문법의 기초를 만들어 두어야 합니다.

 **초등 때 문법은 어떻게 공부해야 할까요?**

  문법은 우리말을 다루고 쓰는 규칙이기 때문에 언어 생활과 밀접하게 관련되어 있습니다. 따라서 **문법 개념의 뼈대를 정확하게 세워 두고 다양한 예시를 통해 적용하는 훈련이 효과적입니다.**

1. **기초 개념을 탄탄하게 다지기:** 문법 개념이 조금 어렵더라도 초등학생이 이해하기 쉬운 설명으로 개념을 탄탄하게 다지는 것이 중요합니다.
2. **다양한 예시로 정확하게 학습하기:** 문법 개념을 외우기 보다는 다양한 예시로 이해하고 올바른 언어 습관을 들이는 것이 좋습니다.
3. **문제로 개념을 확실하게 익히기:** 개념을 학습하면 이해되지 않은 개념을 문제를 풀면서 다시 한 번 확인하는 것이 좋습니다.
4. **문법을 쓰기에 적용하기:** 문법은 올바른 표현의 기초이기 때문에 이를 쓰기에 적용하여 표현력을 높이는 것이 바람직합니다.

구성과 특징

혼자서도 공부할 수 있도록 친절한 동영상 강의를 QR코드로 제공합니다

①   **②**

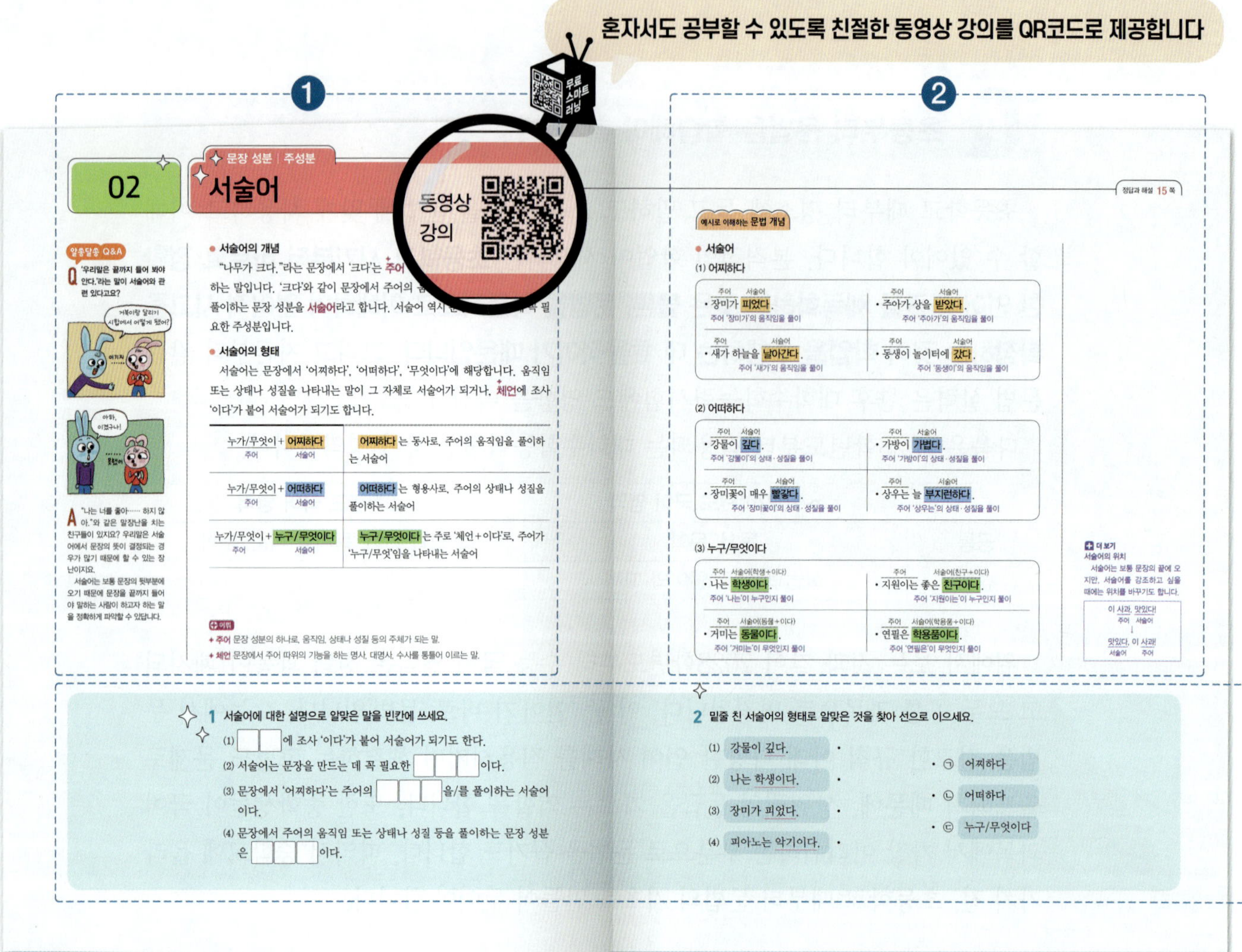

① 기초 개념

알쏭달쏭 Q&A : 문법 개념과 관련하여 초등학생이 궁금해 할만한 내용을 그림을 통해 이해하기 쉽게 설명했습니다.

개념 설명 : 초등 수준의 어휘로는 중등 문법 학습이 어렵기 때문에 정확한 개념어를 사용하여 개념을 풀이하였습니다.

어휘 풀이 : 어려운 문법 용어뿐만 아니라 어려운 어휘의 뜻도 풀이하였습니다.

② 예시로 이해하는 문법 개념

예시가 한두 개만 있다면 낯선 문법 개념을 이해하기 어렵습니다. 개념마다, 또 개념의 종류마다 각각의 예시를 풍부하여 제시하였습니다. 또한 사전에서나 볼 법한 낯선 문장이 아닌 실생활에서 쉽게 볼 수 있는 친근한 문장을 사용하여 이해도를 높였습니다.

초등 국어 문법의 구성과 특징을 소개합니다.

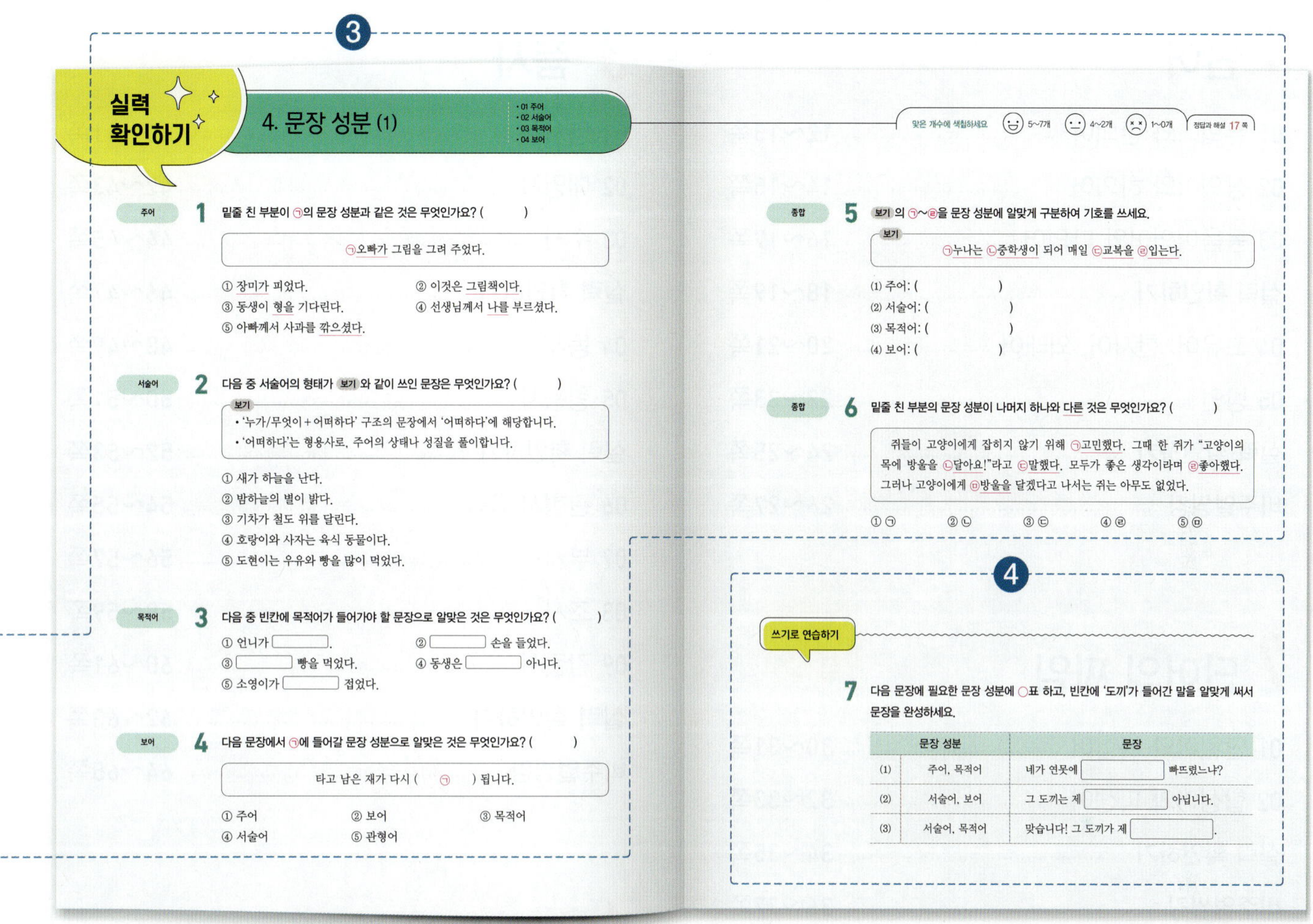

③ 확인 문제

기본 문제 : OX 문제, 빈칸 채우기 등의 단답형 문제를 통해 학습 내용을 바로 점검하고 반복 학습하도록 하였습니다

종합 문제 : 다양한 유형의 문제를 통해 개념을 확인하고 적용하여 문제를 해결하는 방법을 알도록 하였습니다.

④ 쓰기

문법을 통해 읽기, 말하기, 듣기뿐만 아니라 쓰기 영역가지 확장하여 전반적인 국어 능력이 향상될 수 있도록 마지막 문항을 쓰기로 구성하였습니다.

⑤ 비주얼씽킹 정리

이미지를 통해 학습한 개념을 한눈에 볼 수 있도록 정리하였습니다. 짧게 끊어서 설명한 개념을 한데 모아 학습 내용을 되짚어 보고 이미지로 오래 기억할 수 있습니다.

차례

1

단어

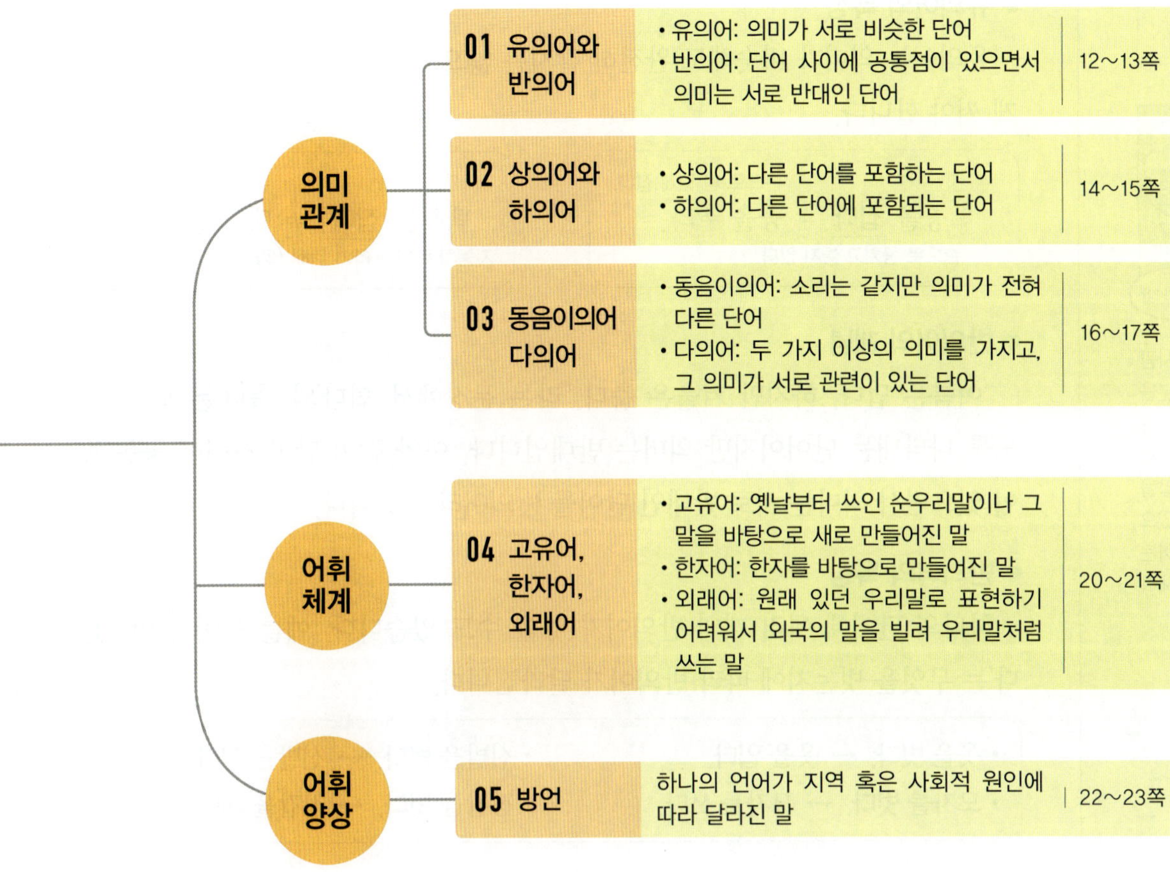

의미
관계

01 유의어와
반의어
• 유의어: 의미가 서로 비슷한 단어
• 반의어: 단어 사이에 공통점이 있으면서
의미는 서로 반대인 단어
12~13쪽

02 상의어와
하의어
• 상의어: 다른 단어를 포함하는 단어
• 하의어: 다른 단어에 포함되는 단어
14~15쪽

03 동음이의어
다의어
• 동음이의어: 소리는 같지만 의미가 전혀
다른 단어
• 다의어: 두 가지 이상의 의미를 가지고,
그 의미가 서로 관련이 있는 단어
16~17쪽

어휘
체계

04 고유어,
한자어,
외래어
• 고유어: 옛날부터 쓰인 순우리말이나 그
말을 바탕으로 새로 만들어진 말
• 한자어: 한자를 바탕으로 만들어진 말
• 외래어: 원래 있던 우리말로 표현하기
어려워서 외국의 말을 빌려 우리말처럼
쓰는 말
20~21쪽

어휘
양상

05 방언
하나의 언어가 지역 혹은 사회적 원인에
따라 달라진 말
22~23쪽

01 유의어와 반의어

● 유의어의 개념

"나는 가끔 서점에 간다."라는 문장은 "나는 종종 책방에 간다."로 바꾸어 써도 의미가 달라지지 않습니다. '가끔'은 '종종'과, '서점'은 '책방'과 의미가 비슷한 단어이기 때문입니다. 이와 같이 의미가 서로 비슷한 단어를 **유의어**라고 합니다.

● 유의어의 특징

유의어는 의미가 비슷해도 완전히 같지는 않으므로 상황과 대상에 따라 알맞게 써야 합니다.

> 손으로 힘 있게 잡다.
> 공을 **잡다**. = 공을 **쥐다**.
> 손으로 움키고 놓지 않다.

> 손으로 힘 있게 잡다.
> 택시를 **잡다**. ≠ 택시를 쥐다.
> 자동차 따위를 타기 위해 세우다.

● 반의어의 개념

"여름은 덥다. 하지만 겨울은 춥다."라는 문장에서 '덥다'와 '춥다'는 모두 온도를 나타내는 단어이지만 의미는 반대입니다. 이와 같이 단어 사이에 공통점이 있으면서 의미는 서로 반대인 단어를 **반의어**라고 합니다.

● 반의어의 특징

하나의 단어에 여러 개의 반의어가 있을 수도 있습니다. 예를 들어 단어 '벗다'는 무엇을 벗는지에 따라 반의어가 달라집니다.

> • 옷을 **벗다**. ↔ 옷을 **입다**.
> • 모자를 **벗다**. ↔ 모자를 **쓰다**.
> • 신발을 **벗다**. ↔ 신발을 **신다**.
> • 장갑을 **벗다**. ↔ 장갑을 **끼다**.

1 유의어와 반의어에 대한 설명으로 알맞은 말을 빈칸에 쓰세요.

(1) 유의어는 ☐☐이/가 서로 비슷한 단어이다.

(2) ☐☐☐은/는 단어 사이에 공통점이 있으면서 의미가 서로 반대인 단어이다.

2 밑줄 친 단어의 유의어로 알맞은 것에 ○표 하세요.

마당에서 <u>키우던</u> 식물이 열매를 맺었다. — (높이던, 기르던)

● 유의어

• 낯 – 얼굴 뜻: 눈, 코, 입이 있는 머리의 앞면.	• 길 – 거리 뜻: 사람이나 차가 지나갈 수 있게 땅 위에 낸 공간.
• 눈치 – 낌새 뜻: 어떤 일을 알아차리는 것.	• 밥 – 끼니 뜻: 일정한 시간에 먹는 음식.
• 아이 – 어린이 뜻: 나이가 어린 사람.	• 엄마 – 어머니 뜻: 자기를 낳아 준 여자.
• 기르다 – 키우다 뜻: 사람이나 동식물을 보살펴 자라게 하다.	• 바라다 – 소원하다 뜻: 생각대로 이루어졌으면 하고 생각하다.
• 가난하다 – 빈곤하다 뜻: 살림살이가 넉넉하지 못하여 어렵다.	• 참가하다 – 참여하다 뜻: 어떤 일에 관련을 맺어 들어가다.

➕ 더 보기

두 개의 단어끼리만 유의어가 되는 것은 아닙니다. 다음과 같이 여러 개의 낱말이 서로 유의어가 될 수도 있습니다.

• 낯 – 얼굴 – 안면
• 가끔 – 종종 – 이따금

● 반의어

• 위 – 아래 공통점: 위치, 차이점: 높낮이	• 아이 – 어른 공통점: 사람, 차이점: 나이
• 여자 – 남자 공통점: 사람, 차이점: 성별	• 소녀 – 소년 공통점: 나이가 어린 사람, 차이점: 성별
• 고음 – 저음 공통점: 음을 나타내는 말, 차이점: 높고 낮은 정도	• 성공 – 실패 공통점: 하려는 일의 결과, 차이점: 달성 여부
• 크다 – 작다 공통점: 크기를 나타내는 말, 차이점: 크기의 정도	• 길다 – 짧다 공통점: 길이를 나타내는 말, 차이점: 길이의 정도
• 넓다 – 좁다 공통점: 너비를 나타내는 말, 차이점: 너비의 정도	• 밝다 – 어둡다 공통점: 밝기를 나타내는 말, 차이점: 밝기의 정도

3 밑줄 친 단어의 반의어로 알맞은 것을 찾아 선으로 이으세요.

(1) 옷을 <u>벗다</u>. • • ㉠ 끼다

(2) 장갑을 <u>벗다</u>. • • ㉡ 입다

(3) 신발을 <u>벗다</u>. • • ㉢ 신다

(4) 모자를 <u>벗다</u>. • • ㉣ 쓰다

상의어와 하의어

A 과일은 식물의 꽃에서 자라나며 씨앗을 포함하는 열매를 말하고, 채소는 밭에서 기르는 농작물을 말해요. 그런데 토마토는 과일과 채소의 성질을 모두 가지고 있어서 과일에도 포함되고 채소에도 포함된다고 해요. 따라서 토마토는 열매채소, 즉 과채류로 분류하고 있답니다.

● 상의어와 하의어의 개념

"나는 동물 중에서 개와 고양이를 좋아한다."라는 문장에서 '동물'은 '개', '고양이'를 포함하는 단어이지만 반대로 '개', '고양이'는 '동물'에 포함되는 단어입니다. 이와 같이 다른 단어를 포함하는 단어를 **상의어**, 다른 단어에 포함되는 단어를 **하의어**라고 합니다.

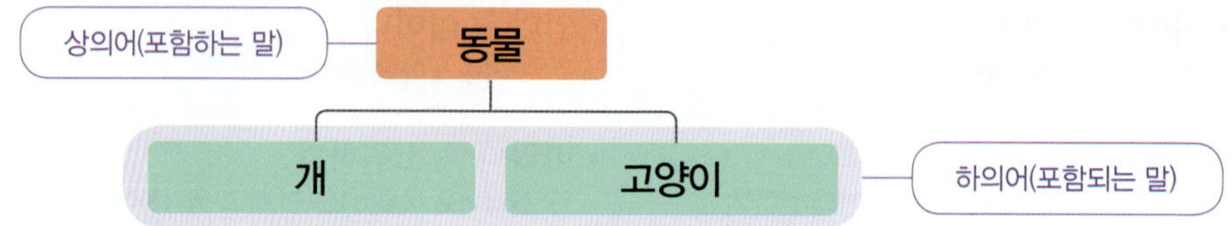

● 상의어와 하의어의 관계

상의어와 하의어의 관계는 무엇과 비교하는지에 따라 달라질 수 있습니다. '개'는 '동물'과 비교하면 하의어이지만, '진돗개, 푸들, 치와와'와 비교하면 상의어입니다. 상의어일수록 일반적이고 공통적인 의미를 지니고, 하의어일수록 개별적이고 구체적인 의미를 지닙니다.

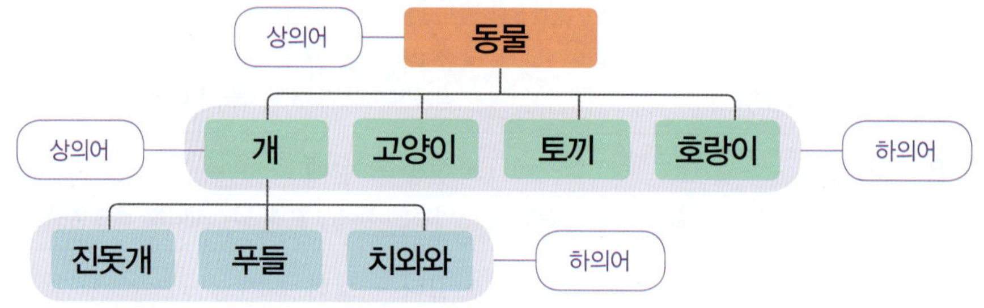

➕ 어휘

● **일반적이고** 일부에 제한되어 있지 않고 전체에 걸쳐 있고.

● **개별적이고** 여럿 중에서 하나씩 따로 나뉘어 있고.

---

1 상의어와 하의어에 대한 설명이 맞으면 ○표, 틀리면 ✕표 하세요.

(1) '동물'은 '개, 고양이'의 상의어이다. (　　　)

(2) 하의어는 다른 단어를 포함하는 단어이다. (　　　)

(3) 상의어는 다른 단어에 포함되는 단어이다. (　　　)

(4) 상의어는 하의어보다 일반적이고 공통적인 의미를 지닌다. (　　　)

(5) 하의어인 단어가 다른 단어와의 관계에서는 상의어가 되기도 한다.
(　　　)

● 상의어와 하의어

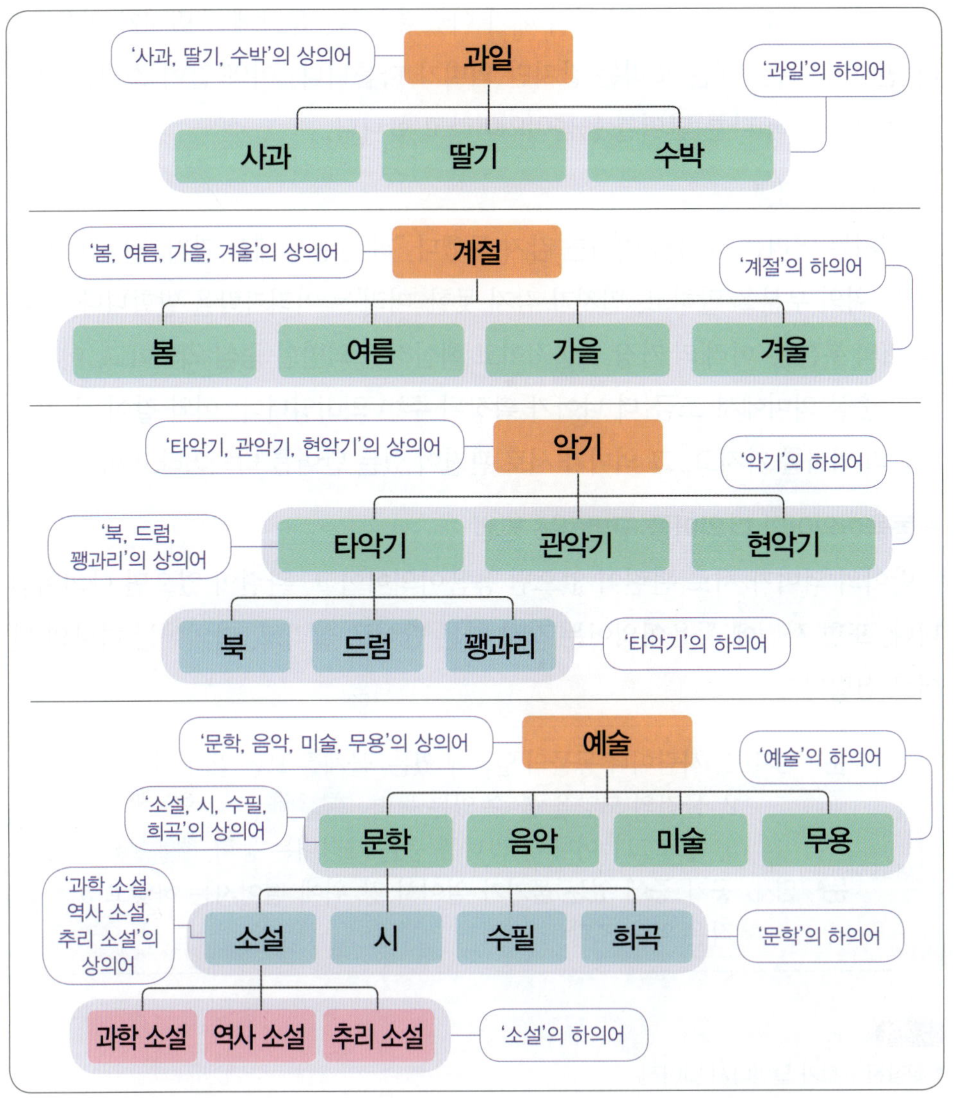

＋ 더 보기

소설은 내용에 따라 과학 소설, 역사 소설, 추리 소설 등으로 나누지만, 분량에 따라 장편 소설, 중편 소설, 단편 소설로 나눌 수도 있습니다.

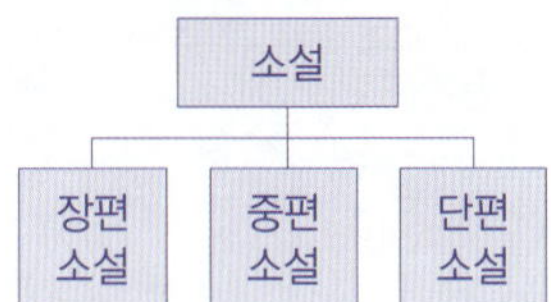

2 다음 단어의 하의어가 <u>아닌</u> 것의 번호를 쓰세요.

(1) 문학 　① 시　　② 소설　③ 수필　④ 예술　（　　　）

(2) 악기 　① 음악　② 관악기　③ 타악기　④ 현악기　（　　　）

(3) 계절 　① 눈　　② 가을　③ 겨울　④ 여름　（　　　）

(4) 과일 　① 귤　　② 사과　③ 포도　④ 시금치　（　　　）

동음이의어와 다의어

● 동음이의어의 개념

"민지는 배를 너무 많이 먹어서 배가 아팠다."라는 문장에서 민지가 먹은 '배'와 민지의 아픈 '배'는 소리는 같지만 의미가 다릅니다. 이와 같이 소리는 같지만 의미가 전혀 다른 단어를 **동음이의어**라고 합니다.

● 다의어의 개념

"민지는 머리를 다쳐서 머리를 감지 못했다."라는 문장에서 민지가 다친 '머리'는 목 위의 부분을 말하고, 민지가 감지 못한 '머리'는 머리카락을 말합니다. 이때 목 위의 부분은 '머리'의 가장 기본적이고 핵심적인 의미인 **중심 의미**이고, 머리카락은 중심 의미에서 조금 더 나아가 확장된 **주변 의미**입니다. 이와 같이 두 가지 이상의 의미를 가지고, 그 의미가 서로 관련이 있는 단어를 **다의어**라고 합니다.

● 동음이의어와 다의어를 구별하는 방법

단어의 의미가 서로 관련이 없으면 동음이의어이고, 관련이 있으면 다의어입니다. 또한 사전에 동음이의어는 각각 다른 단어로 실리고, 다의어는 하나의 단어로 실립니다.

> **동음이의어**
>
> **눈**[1] 「명사」 1. 사람이나 동물의 얼굴에 있는, 물체를 보는 감각 기관.   중심 의미
>   2. 물건의 모양을 볼 수 있는 능력.   주변 의미
>   3. 옳고 그름이나 좋고 나쁨 등을 가려내는 능력.   주변 의미
>   **다의어**
>
> **눈**[4] 「명사」 공기 중에 있는 물기가 얼어서 땅 위에 떨어지는 하얗고 작은 얼음 조각.

➕ 어휘

● **확장된** 규모가 늘어나서 넓어진.

1 동음이의어와 다의어에 대한 설명으로 알맞은 말에 ○표 하세요.

(1) (동음이의어, 다의어)는 사전에 각각 다른 단어로 실린다.

(2) 동음이의어는 소리가 같고 의미가 (같은, 다른) 단어이다.

(3) (한 가지, 두 가지) 이상의 의미를 가진 단어를 다의어라고 한다.

(4) "아침이 되어 눈을 떴다."에서 '눈'은 (중심 의미, 주변 의미)이다.

(5) "배를 먹었더니 갑자기 배가 아프다."라는 문장에 쓰인 앞의 '배'와 뒤의 '배'는 (동음이의어, 다의어)이다.

예시로 이해하는 문법 개념

● 동음이의어

- **배¹** 「명사」 몸에서 가슴과 엉덩이 사이의 부위.
  - 예 밥을 많이 먹어서 배가 부르다.
- **배²** 「명사」 사람이나 짐을 싣고 물 위로 다니도록 만든 물건.
  - 예 독도에 배를 타고 갑니다.
- **배³** 「명사」 배나무의 열매.
  - 예 이 배는 엄청 달아요.

- **싸다¹** 「동사」 물건을 안에 넣고 보이지 않게 씌우다.
  - 예 이 포장지로 선물을 싸라.
- **싸다²** 「동사」 주로 어린아이가 똥이나 오줌을 참지 못하고 누다.
  - 예 아이가 이불에 오줌을 쌌다.
- **싸다⁵** 「형용사」 물건값이나 비용이 보통보다 낮다.
  - 예 우리 동네는 과일값이 싸다.

● 다의어

- **머리¹** 「명사」 1. 사람이나 동물의 목 위의 부분. `중심 의미`
  - 예 공에 머리를 맞아서 아프다.
  - 2. 생각하고 판단하는 능력. `주변 의미`
    - 예 머리가 나빠서 이해가 안 된다.
  - 3. 머리에 난 털. `주변 의미`
    - 예 머리를 자르러 미용실에 간다.

- **서다¹** 「동사」 1. 발을 땅에 대고 다리를 쭉 뻗어 몸을 곧게 하다. `중심 의미`
  - 예 바른 자세로 서라.
  - 2. 쳐져 있던 것이 똑바로 위를 향하여 곧게 되다. `주변 의미`
    - 예 토끼 귀가 쫑긋 섰다.
  - 3. 계획, 결심, 자신감이 마음속에 이루어지다. `주변 의미`
    - 예 결심이 서면 말해라.

 **더 보기**

다의어 '손'

손¹ 「명사」
1. 사람의 팔목 끝에 달린 부분.
2. 손가락.
3. 일을 하는 사람.
4. 일하는 데 드는 힘, 노력, 기술.
5. 영향력.

---

2 문장에서 밑줄 친 단어가 동음이의어이면 '동', 다의어이면 '다'라고 쓰세요.

(1) • <u>배</u>를 타다.　　• <u>배</u>가 달다.　　—　＿＿＿

(2) • <u>머리</u>가 아프다.　　• <u>머리</u>가 나쁘다.　　—　＿＿＿

(3) • 바른 자세로 <u>서다</u>.　　• 토끼 귀가 쫑긋 <u>서다</u>.　　—　＿＿＿

(4) • 선물을 포장지로 <u>싸다</u>.　　• 과일값이 <u>싸다</u>.　　—　＿＿＿

1. 단어 (1)

• 01 유의어와 반의어
• 02 상의어와 하의어
• 03 동음이의어와 다의어

종합 **1** 다음 빈칸에 들어갈 알맞은 말에 ○표 하세요.

(1) 상의어인 단어는 하의어가 될 수 (있다, 없다).

(2) 단어의 의미가 서로 관련이 (있으면, 없으면) 동음이의어이다.

(3) 유의어는 소리가 (같고, 다르고) 의미가 서로 비슷한 단어를 말한다.

(4) 다의어에서 가장 기본적이고 핵심적인 의미를 (중심, 주변) 의미라고 한다.

유의어 **2** 다음 문장에서 밑줄 친 단어의 유의어로 알맞은 것은 무엇인가요? (   )

> 밥을 굶었더니 기운이 없다.

① 국   ② 쌀   ③ 끼니   ④ 간식   ⑤ 반찬

반의어 **3** 반의어끼리 짝 지은 것이 아닌 것은 무엇인가요? (   )

① 낮 – 밤   ② 시작 – 끝   ③ 좋다 – 싫다

④ 맑다 – 흐리다   ⑤ 덥다 – 따뜻하다

상의어와 하의어 **4** 다음의 ㉠에 대한 설명으로 알맞은 것은 무엇인가요? (   )

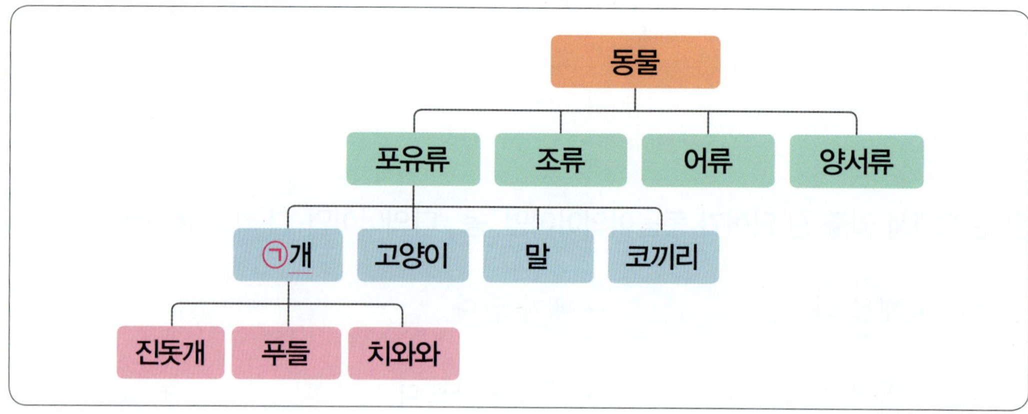

① ㉠은 '동물'의 상의어이다.

② ㉠은 '조류'의 하의어이다.

③ ㉠은 '진돗개'의 상의어이다.

④ ㉠은 '포유류'의 상의어이다.

⑤ ㉠은 '고양이'의 하의어이다.

동음이의어

5 다음 문장 ㉠~㉢의 빈칸에 공통으로 들어갈 동음이의어는 무엇인가요? (   )

> ㉠ 고기가 [   ].
> ㉡ 비행기에 [   ].
> ㉢ 따뜻한 물에 분유를 [   ].

① 익다   ② 타다   ③ 앉다   ④ 녹다   ⑤ 먹다

다의어

6 다음 중 밑줄 친 단어가 다의어인 것은 무엇인가요? (   )

① 머리에 모자를 <u>쓰다</u>. – 연습장에 글씨를 <u>쓰다</u>.
② 힘이 세 <u>배</u>나 들다. – 강을 건너기 위해 <u>배</u>를 타다.
③ 밥을 <u>김</u>에 싸서 먹다. – 주전자에서 물이 끓어 <u>김</u>이 나다.
④ 학생들의 마음가짐이 <u>바르다</u>. – 아이들 방에 예쁜 벽지를 <u>바르다</u>.
⑤ 달리기를 오래 해서 <u>다리</u>에 쥐가 나다. – 의자의 <u>다리</u>가 하나 부러지다.

쓰기로 잡는 문법

7 다의어 '잡다'의 뜻을 읽고, 보기 에서 알맞은 말을 찾아 빈칸에 써서 문장을 완성하세요.

> **보기**
>
> 손을   중심을   단서를

	잡다[1] 「동사」	문장
(1)	1. 손으로 움키고 놓지 않다.	친구와 [ ] 잡았다.
(2)	6. 실마리, 요점, 단점 따위를 찾아내거나 알아내다.	형사가 사건의 [ ] 잡았다.
(3)	13. 어떤 상태를 유지하다.	공 위에 올라가 [ ] 잡았다.

고유어, 한자어, 외래어

동영상 강의

Q '돈가스'는 외래어인가요?

A '돈가스'는 빵가루를 묻힌 돼지고기를 기름에 튀긴 서양 요리로, 원래 명칭은 '포크커틀릿'이에요. 돼지를 뜻하는 한자어 '돈(豚)'과 영어 '커틀릿(cutlet)'의 일본식 발음 '가스'가 만나 외래어 '돈가스'가 된 것이죠. 돈가스를 '돼지고기 튀김'이라는 순우리말로 고쳐 부르면 어떨까요?

● 고유어의 개념과 특징

개념	옛날부터 쓰인 순우리말이나 그 말을 바탕으로 새로 만들어진 말
특징	• 우리 민족의 문화와 정서를 표현하기에 알맞음. • 소리, 모양, 맛, 색깔을 나타내는 표현이 발달함.

● 한자어의 개념과 특징

개념	한자를 바탕으로 만들어진 말
특징	• 고유어에 비해 세분화된 의미를 지니고 있어서 고유어를 보완해 줌. • 글자마다 뜻을 가지고 있어서 의미를 압축적으로 표현할 수 있음.

● 외래어의 개념과 특징

개념	원래 있던 우리말로 표현하기 어려워서 외국의 말을 빌려 우리말처럼 쓰는 말
특징	• 외국어와 달리 고유어나 한자어로 대체하기 어려운 편임. • 우리나라에 없던 외국의 개념, 현상, 사물을 가리키는 것이 많음.

➕ 어휘

● **세분화된** 사물이 여러 갈래로 자세히 갈라진.

● **보완해** 모자라거나 부족한 것을 보충하여 완전하게 해.

● **압축적으로** 내용을 요약하거나 생략하여 줄여서.

+ 외국어 우리말이 아닌 다른 나라의 말로, 고유어나 한자어로 바꾸어 쓸 수 있는 단어. '무비'는 '영화'로, '밀크'는 '우유'로 바꾸어 쓸 수 있음.

1 고유어, 한자어, 외래어에 대한 설명으로 알맞은 말을 빈칸에 쓰세요.

(1) 한자를 바탕으로 만들어진 말을 ☐☐☐ 라고 한다.

(2) 외국의 말을 빌려 우리말처럼 쓰는 말을 ☐☐☐ 라고 한다.

(3) ☐☐☐ 는 외래어와 달리 고유어나 한자어로 바꾸어 쓰기 어려운 편이다.

(4) 옛날부터 쓰인 순우리말이나 그 말을 바탕으로 새로 만들어진 말을 ☐☐☐ 라고 한다.

● 고유어

- 사랑, 구름, 마음, 소리, 바다, 하늘, 시나브로　옛날부터 쓰이거나 새로 만들어진 고유어
- 보름달, 강강술래, 부럼, 그네, 씨름, 달맞이　우리 민족의 문화를 표현하는 고유어
- 슬프다, 구슬프다, 서럽다, 예쁘다, 아름답다　우리 민족의 정서를 표현하는 고유어
- 아삭아삭, 깡충깡충, 달짝지근하다, 불그스름하다　소리, 모양, 맛, 색깔을 표현하는 고유어

● 한자어

- **고치다** 1. 고장 난 것을 제대로 되게 하다. → **수리(修理)** 하다
  고유어　　2. 병 따위를 낫게 하다. → **치료(治療)** 하다　고유어의 의미를 세분화하는 한자어
  　　　　　3. 잘못되거나 틀린 것을 바로잡다. → **수정(修正)** 하다
- 정보를 전류나 전기장으로 바꾸어 다른 곳으로 전달하는 과학 기술
  → **통신(통할 통 通, 믿을 신 信)**　압축적으로 표현한 한자어

● 외래어

- 피아노(piano), 버스(bus), 커피(coffee), 바나나(banana)　영어에서 온 외래어
- 빵(pão), 담배(tabaco)　포르투갈어에서 온 외래어
- 노이로제(Neurose), 아르바이트(Arbeit), 알레르기(Allergie)　독일어에서 온 외래어
- 망토(manteau), 발레(ballet), 크레용(crayon)　프랑스어에서 온 외래어

➕ 더 보기

표준국어대사전에서 고유어, 한자어, 외래어를 구분하는 방법
- 고유어: 한글 표기 뒤에 다른 글자가 없음.

  | 사랑 |
- 한자어: 한글 표기 뒤의 괄호 안에 한자가 있음.

  | 주택(住宅) |
- 외래어: 한글 표기 뒤의 괄호 안에 외국 글자가 있음.

  | 버스(bus) |

---

2 다음 문장에서 밑줄 친 말이 고유어이면 '고', 한자어이면 '한', 외래어이면 '외'라고 쓰세요.

(1) <u>빵</u> 굽는 냄새가 고소하다.　　　　　　（　　　）

(2) 둥근 <u>보름달</u>이 밤길을 밝혔다.　　　　　（　　　）

(3) 장인은 도구를 <u>수리</u>하여 팔았다.　　　　（　　　）

(4) 아리랑의 <u>구슬픈</u> 가락이 나를 울렸다.　（　　　）

(5) 봄이 오면 꽃가루 <u>알레르기</u> 증상이 생긴다.　（　　　）

05 방언

동영상 강의

Q 신조어도 방언인가요?

A '추구미'는 '내가 원하는 이미지', '알잘딱깔센'은 '알아서 잘 딱 깔끔하고 센스 있게'를 뜻하는 신조어예요. '신조어'란 새로 생긴 말로, 주로 젊은 세대들이 유행처럼 쓰는 말이에요. 그러니 세대나 유행에 따라서 만들어진 사회 방언으로 볼 수 있겠죠.

딸이 하는 말을 엄마가 알아듣지 못하는 것처럼 사회 방언을 많이 사용하면 의사소통이 어려워질 수 있어요.

● 방언의 개념

"놀멍 놀멍 봅서."는 제주 방언이 쓰인 문장으로 '천천히 보세요.'라는 뜻입니다. 또 "쉬야 하고 맘마 먹자."는 어린아이에게 쓰는 말로 '오줌 누고 밥 먹자.'라는 뜻입니다. 이와 같이 하나의 언어가 지역이나 사회적 원인에 따라 달라진 말을 **방언**이라고 합니다.

● 방언의 종류

지역 방언	• 지역에 따라 달라진 말 • 의사소통에 불편이 생기지 않도록 **표준어**를 정함.
사회 방언	• 나이나 직업, 성별 등 사회적 원인에 따라 달라진 말 • 직업에 따라 일을 정확하게 하기 위해 사용하는 전문어가 있음. • 청소년층이 많이 사용하는 유행어나 은어가 있음.

● 방언의 특성

방언은 지역과 집단의 특성을 드러내는 말이기 때문에 같은 방언을 사용하는 사람들에게는 친밀감과 소속감을 줍니다. 하지만 방언을 쓰지 않는 사람들은 말을 알아듣기 어려워서 소외감과 불쾌감을 느낄 수도 있습니다.

➕ 어휘

+ 표준어 공용어로 쓰기로 한 표준이 되는 말. 교양 있는 사람들이 두루 쓰는 현대 서울말.

● 전문어 특정한 전문 분야에서 주로 사용하는 용어.

● 은어 어떤 계층이나 부류의 사람들이 다른 사람들이 알아듣지 못하도록 자기들끼리만 자주 사용하는 말.

● 소속감 자신이 어떤 집단에 소속되어 있다는 느낌.

1 방언에 대한 설명이 맞으면 ○표, 틀리면 ✕표 하세요.

(1) 방언에는 지역 방언과 사회 방언이 있다. (　　　)

(2) 사회 방언을 사용하면 누구나 쉽게 알아들을 수 있다. (　　　)

(3) 같은 방언을 사용하는 사람끼리는 친밀감을 느낄 수 있다. (　　　)

(4) 나이나 직업, 성별 등에 따라 달라진 말을 사회 방언이라고 한다.

(　　　)

● 지역 방언

표준어	지역 방언				
서울·경기	강원도	충청도	경상도	전라도	제주도
 부추	부운추	졸	정구지	솔	세오리
옥수수	옥데기	옥수깽이	강낭수꾸	옥수시	강낭대죽

● 사회 방언

- 피의자(被疑者)의 도주 가능성이 적어 불구속(不拘束) 수사를 진행합니다.

  도망갈 가능성

  범죄의 혐의가 있어서 정식으로 입건되었으나, 아직 공소 제기가 되지 아니한 사람.

  피의자를 구속하지 않은 상태에서 수사함.

  → 법률 전문어

- 급성 상기도염(上氣道染)이 의심되므로 CXR 촬영을 하겠습니다. → 의학 전문어

  감기   흉부 X선(Chest X−ray)

- 춘부장(椿府丈)께서는 무탈(無頉)하신가?

  남의 아버지를 높여 부르는 말 └ 병이나 사고가 없으신가?

  → 노년층은 한자어를 많이 씀.

- 영애(令愛)의 혼인(婚姻)을 축하합니다.

  윗사람의 딸을 높여 이르는 말 └ 결혼

- 친구들과 맛있는 음식을 먹는 것이야말로 소확행 이다.

  '소소하지만 확실한 행복'의 줄임말

  → 청소년층은 줄임말과 유행어를 많이 씀.

- 주인공이 시원하게 복수를 하는 장면이 사이다 였다.

  답답한 상황이 시원하게 해결되는 상황이나 느낌을 표현하는 말

더 보기

전문어는 개념을 정확하게 표현하기 위해 한자어를 사용하는 경우가 많으며, 외국의 학문을 들여오는 과정에서 외래어나 외국어를 그대로 사용하는 경우도 많습니다.

---

2 다음 보기 에서 방언이 쓰인 문장의 기호를 모두 쓰세요.

보기

㉠ 작년에 심은 옥수수가 잘 자랐다.

㉡ 할머니께서 정구지로 담근 김치를 보내 주셨다.

㉢ 밥을 먹다 목이 메어서 컵에 사이다를 부어 마셨다.

㉣ 소확행을 위해 주말에 할 수 있는 취미를 찾고 있다.

㉤ 상기도염을 예방하려면 손을 잘 씻는 습관이 중요하다.

(   )

종합

1 다음 단어에 대한 설명이 맞으면 ○표, 틀리면 ╳표 하세요.

(1) 한자어는 고유어를 보완해 준다. ( )

(2) 외국의 말을 빌려 우리말처럼 쓰는 말을 외국어라고 한다. ( )

(3) 사회적인 원인에 따라 달라진 말을 사회 방언이라고 한다. ( )

(4) 지역 방언으로 인해 의사소통에 불편을 겪지 않도록 고유어를 정했다.

( )

고유어

2 다음 문장의 밑줄 친 단어가 고유어인 것은 무엇인가요? ( )

① 달걀에도 뼈가 있다.

② 크레용으로 그림을 그렸다.

③ 강 건너 불 보듯 구경만 한다.

④ 게임 하고 싶은 생각이 굴뚝같다.

⑤ 치약이 매워서 양치를 빨리 끝냈다.

한자어

3 밑줄 친 고유어와 바꾸어 쓸 수 있는 한자어를 보기 에서 찾아 빈칸에 쓰세요.

> **보기**
>
> 치료   수정   수리

(1) 틀린 글자를 고쳤다. → 틀린 글자를 [   ]했다.

(2) 고장 난 시계를 고쳤다. → 고장 난 시계를 [   ]했다.

(3) 의사가 환자의 병을 고쳤다. → 의사가 환자의 병을 [   ]했다.

한자어, 외래어

4 다음 ㉠과 ㉡의 단어에 대한 설명으로 알맞은 것을 두 가지 고르세요. (,   )

㉠	㉡
학교, 교복, 학생	버스, 볼펜, 셔츠

① ㉠은 옛날부터 쓰인 순우리말이다.

② ㉡은 한자를 바탕으로 만들어진 말이다.

③ ㉠은 고유어에 비해 세분화된 의미를 지니고 있다.

④ ㉡은 우리 민족의 문화와 정서를 표현하기에 알맞다.

⑤ ㉡은 고유어나 한자어로 바꾸어 쓰기 어려운 편이다.

방언 **5** 다음 문장에서 밑줄 친 말의 특징으로 알맞은 것은 무엇인가요? (   )

> 할머니께서 솥에서 <u>옥수시</u>를 꺼내 주셨다.

① 농업 분야의 전문가가 쓰는 방언이다.
② 우리나라에서 공용어로 쓰기로 한 말이다.
③ 청소년층이 말의 재미를 위해 사용하는 말이다.
④ 다른 지역의 사람들은 뜻을 알아듣지 못할 수 있다.
⑤ 성별에 따라 달라진 말로 소외감을 느끼게 할 수 있다.

방언 **6** 다음 대화에서 밑줄 친 말의 특징으로 알맞은 것은 무엇인가요? (   )

> 수진: 우리 요거트 아이스크림 먹으러 갈래?
> 대호: 아니, 저번에 먹었는데 내 입맛에는 별로였어.
> 수진: 요즘 후식으로 요거트 아이스크림이 <u>국룰</u>이라던데 입맛은 <u>사바사</u>구나.

① 지역에 따라 다르게 쓰이는 말이다.
② 유행에 따라 만들어진 사회 방언이다.
③ 직업에 따라 다르게 사용하는 사회 방언이다.
④ 영어에서 온 외래어로 우리말처럼 쓰이는 말이다.
⑤ 전문성이 필요한 분야에서 사용하는 사회 방언이다.

쓰기로 잡는 문법

7 다음 문장의 빈칸에 들어갈 고유어에 ○표 하고, 빈칸에 들어갈 말을 알맞게 써서 문장을 완성하세요.

	고유어	문장
(1)	모친, 어머니	이분은 선생님의 [ ]이십니다.
(2)	생각, 사고	지나치게 치우친 [ ]은/는 위험하다.
(3)	느낌, 감정	그는 자신의 [ ]을 잘 표현하지 않는다.

❶ 유의어와 반의어 12~13쪽

- **유의어**: 의미가 서로 비슷한 단어.
- **반의어**: 단어 사이에 공통점이 있으면서 의미는 서로 ① ☐☐ 인 단어.

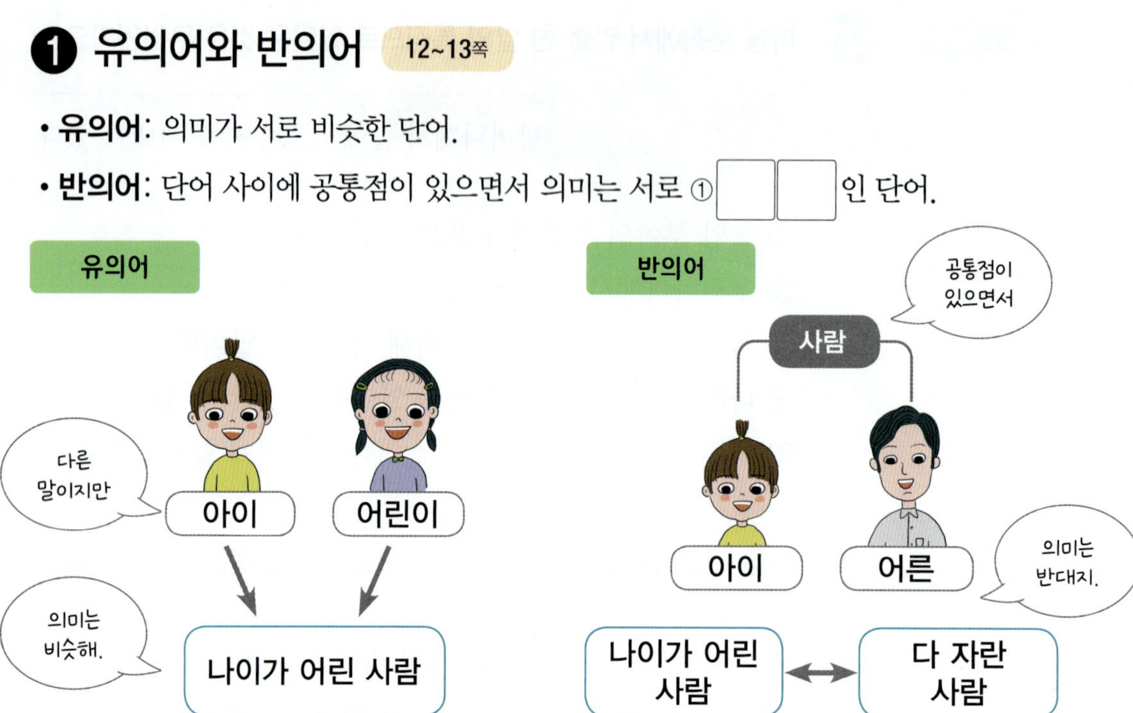

❷ 상의어와 하의어 14~15쪽

- **상의어**: 다른 단어를 포함하는 단어.
- **하의어**: 다른 단어에 포함되는 단어.

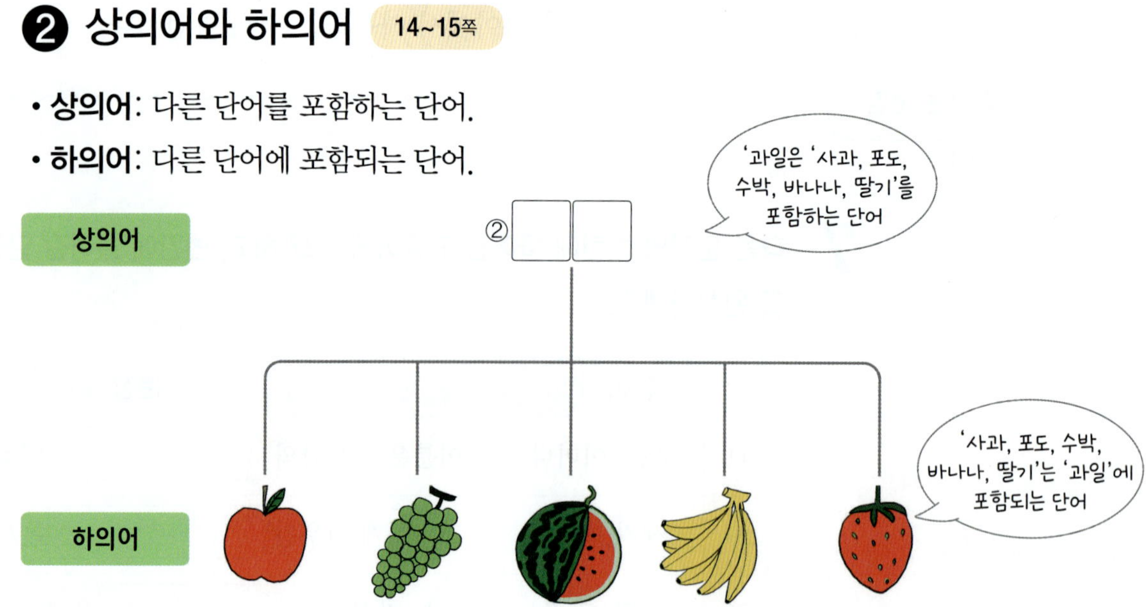

❸ 동음이의어와 다의어 16~17쪽

- **동음이의어**: 소리는 같지만 ③ ☐☐이/가 전혀 다른 단어.
- **다의어**: 두 가지 이상의 의미를 가지고, 그 의미가 서로 관련이 있는 단어.

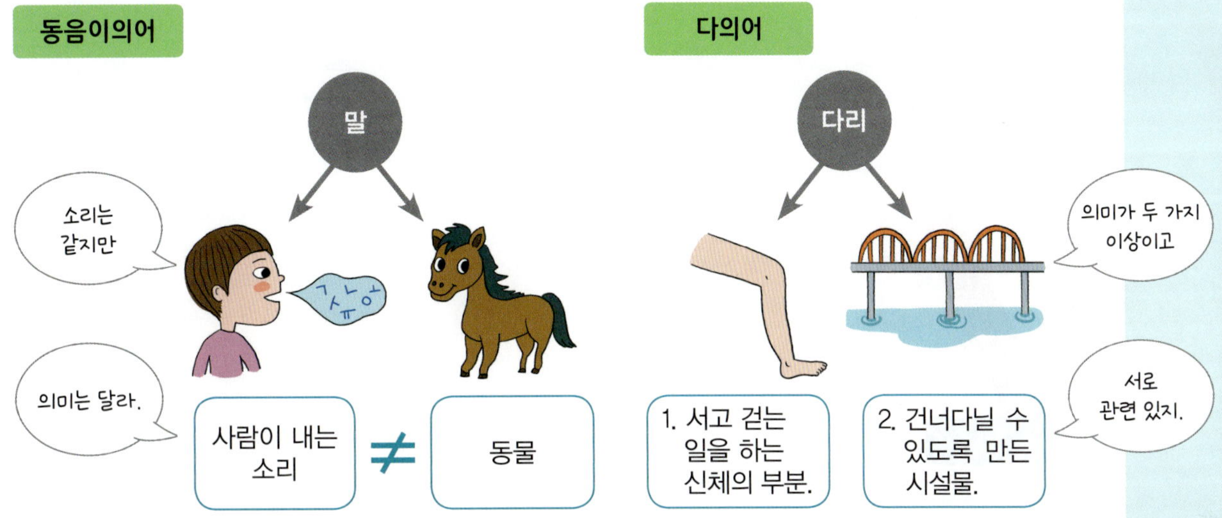

❹ 고유어, 한자어, 외래어, 방언 20~23쪽

- **고유어**: 옛날부터 쓰인 순우리말이나 그 말을 바탕으로 새로 만들어진 말.
- **한자어**: ④ ☐☐을/를 바탕으로 만들어진 말.
- **외래어**: 원래 있던 우리말로 표현하기 어려워서 외국의 말을 빌려 우리말처럼 쓰는 말.
- **방언**: 하나의 언어가 지역 혹은 사회적 원인에 따라 달라진 말.

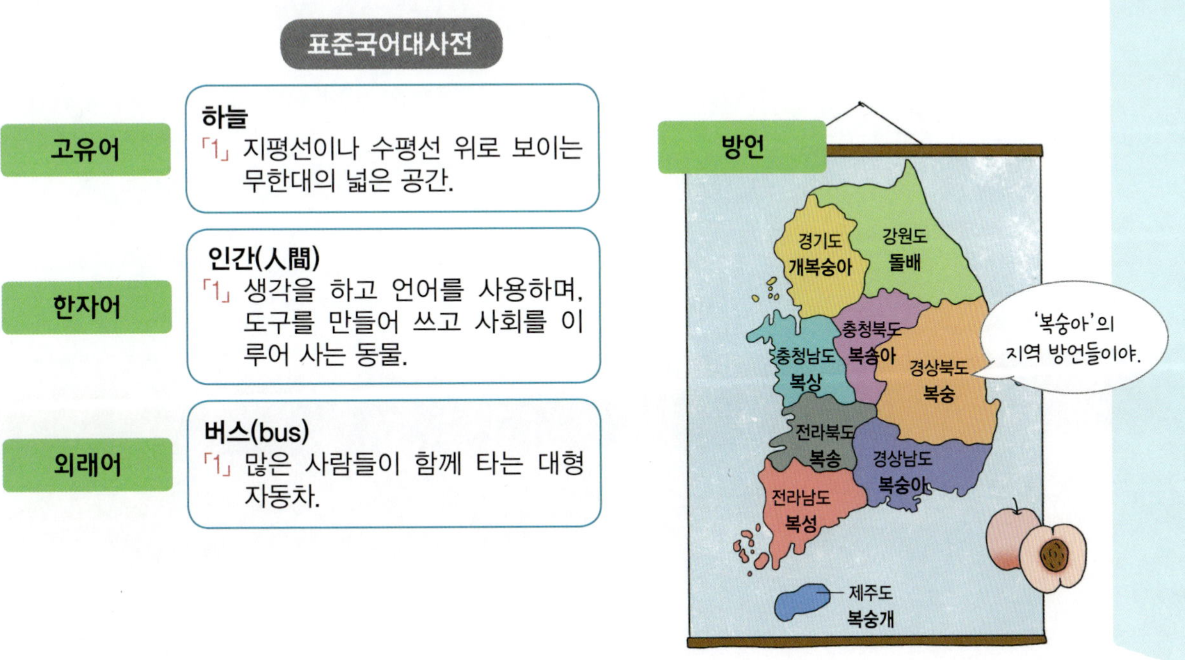

정답: ① 반대 ② 과일 ③ 의미 ④ 한자

2

단어의 짜임

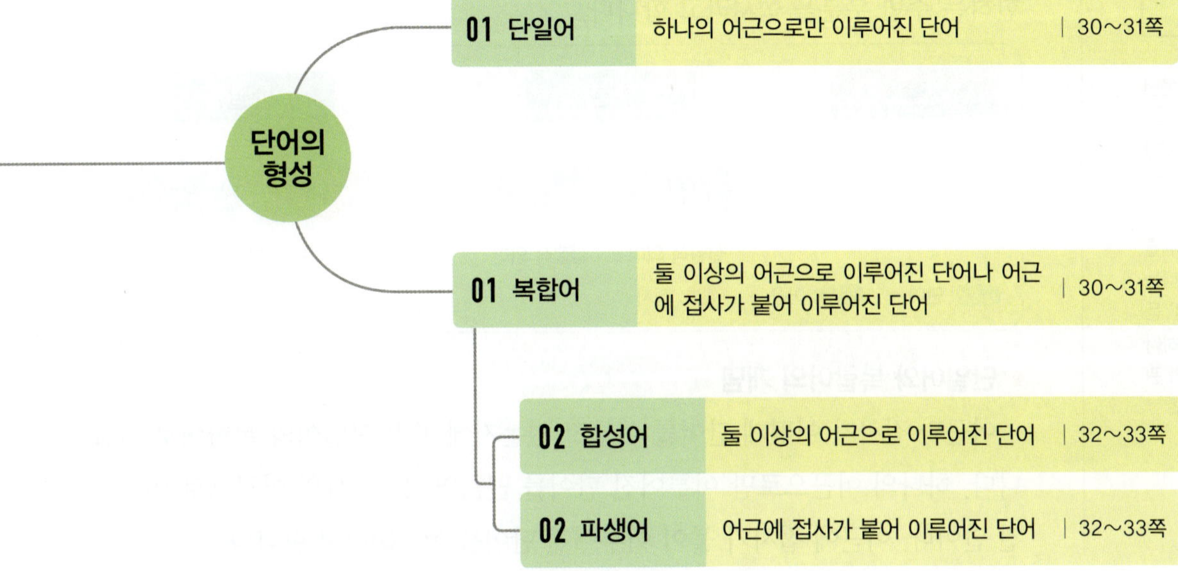

단어의 형성
01 단일어
하나의 어근으로만 이루어진 단어 | 30~31쪽
01 복합어
둘 이상의 어근으로 이루어진 단어나 어근에 접사가 붙어 이루어진 단어 | 30~31쪽
02 합성어
둘 이상의 어근으로 이루어진 단어 | 32~33쪽
02 파생어
어근에 접사가 붙어 이루어진 단어 | 32~33쪽

단일어와 복합어

동영상 강의

A 글씨나 그림을 지우는 물건을 뜻하는 '지우개'는 '지우'와 '개'로 나눌 수 있어요. 하지만 나눈 것이 사람 '지우'와 동물 '개'는 아니죠. 무엇을 지운다는 의미를 가진 '지우–'와 그러한 행위를 하는 도구를 뜻하는 '–개'로 나눈답니다. '–개'는 '날개', '덮개' 등의 단어에도 쓰여요. 이처럼 하나의 단어를 나눌 때에는 의미와 관련 있는 말들로 나누어야 해요.

● 단어의 개념

"강아지가 물을 먹네."라는 문장에 쓰인 단어는 몇 개일까요?

이때 뜻을 가지고 홀로 쓰일 수 있는 말이나, 홀로 쓰일 수 있는 말 뒤에 붙어서 쉽게 분리할 수 있는 말을 **단어**라고 합니다.

> | 강아지 | 가 | 물 | 을 | 먹네 |
>
> ■ : 뜻을 가지고 홀로 쓰일 수 있는 말. → 5개의 단어로 이루어진 문장
> ■ : 홀로 쓰일 수 있는 말 뒤에 붙어서 쉽게 분리할 수 있는 말.

● 어근과 접사의 개념

단어는 어근과 접사로 나눌 수 있습니다. 단어의 실질적인 의미를 나타내는 중심 부분을 **어근**이라고 하고, 어근의 앞이나 뒤에 붙어서 그 뜻을 더하거나 제한하는 주변 부분을 **접사**라고 합니다.

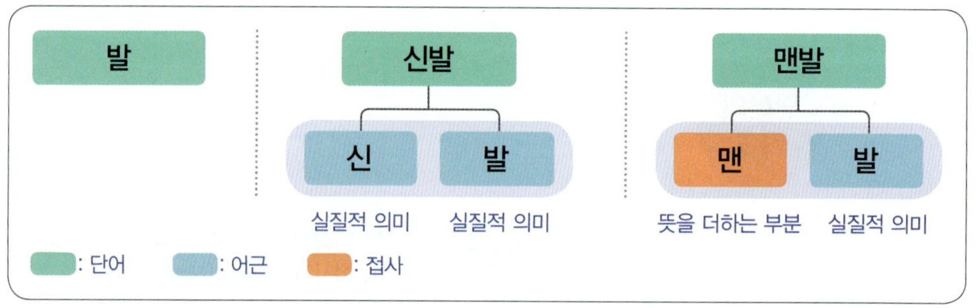

● 단일어와 복합어의 개념

어근과 접사가 어떻게 단어를 이루고 있는지에 따라 단일어와 복합어로 나눕니다. 하나의 어근으로만 이루어진 단어를 **단일어**, 둘 이상의 어근으로 이루어진 단어나, 어근에 접사가 붙어 이루어진 단어를 **복합어**라고 합니다.

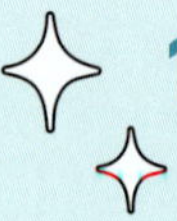

1 단일어와 복합어에 대한 설명이 맞으면 ○표, 틀리면 ✕표 하세요.

(1) 단일어는 하나의 어근으로 이루어진 단어이다. ( )

(2) 복합어는 모두 어근과 접사로 이루어진 단어이다. ( )

(3) 단어의 길이에 따라 단일어와 복합어로 구분한다. ( )

(4) 접사는 어근 앞뒤에 붙어 그 뜻을 더하거나 제한한다. ( )

(5) 어근은 단어의 실질적인 의미를 나타내는 중심 부분이다. ( )

예시로 이해하는 **문법 개념**

● 단일어

- 산, 밥, 해, 강, 길   한 글자의 어근으로 이루어진 단일어

- 구름, 거울, 바다, 나무, 사랑, 고기, 소금, 하늘   두 글자의 어근으로 이루어진 단일어

- 고구마, 자전거, 무지개, 아버지   세 글자의 어근으로 이루어진 단일어

- 고슴도치, 너비아니, 불가사리   네 글자의 어근으로 이루어진 단일어

● 복합어

(1) 어근+어근

- 눈물,   꽃밭,   첫눈,   집안,   손수건,   주먹밥,   사과나무
  어근+어근   어근+어근   어근+어근   어근+어근   어근+어근   어근+어근   어근+어근

(2) 어근+접사

- 사냥꾼,   부채질,   거짓말쟁이
  어근+접사   어근+접사   어근+접사

(3) 접사+어근

- 맨발,   풋콩,   맏아들,   덧버선,   한겨울,   늦여름
  접사+어근   접사+어근   접사+어근   접사+어근   접사+어근   접사+어근

➕ **어휘**
- **너비아니** 얄팍하게 저며 갖은양념을 하여 구운 쇠고기.
- **풋콩** 깍지 속에 들어 있어 아직 덜 익은 콩.
- **덧버선** 버선 위에 겹쳐 신는 큰 버선.

➕ **더 보기**

단어의 형태가 같아도 단어의 짜임이 다를 수 있습니다. 곤충을 뜻하는 '잠자리'와 잠을 자는 곳을 뜻하는 '잠자리'가 그 예입니다. 곤충 '잠자리'는 더 나누면 원래의 뜻이 사라지는 단일어지만, 잠을 자는 곳을 뜻하는 '잠자리'는 '잠'과 '자리'로 나눌 수 있는 복합어입니다.

➕ **더 보기**
접사의 뜻
- **-꾼**: 어떤 일을 전문적으로 하는 사람 또는 어떤 일을 잘 하는 사람.
- **-질**: 그 도구를 가지고 하는 일.
- **-쟁이**: 그것이 나타내는 속성을 많이 가진 사람.
- **맨-**: 다른 것이 없는.
- **풋-**: 처음 나온. 덜 익은.
- **맏-**: 맏이.
- **덧-**: 거듭된. 겹쳐 신거나 입는.
- **한-**: 정확한. 한창인.
- **늦-**: 늦은.

---

2 다음 단어 중에서 짜임이 다른 하나를 찾아 ○표 하세요.

(1)   해   사랑   첫눈   고기

(2)   풋콩   구름   맨발   부채질

(3)   사냥꾼   밥   나무   거울

(4)   무지개   아버지   산   눈물

02 합성어와 파생어

Q '개꿈'은 무슨 꿈일까요?

A '개꿈'이라는 단어는 '개-'와 '꿈'으로 나눌 수 있는 복합어예요. 여기서 '개-'는 동물이 아닌 '헛된', '쓸데없는'이라는 뜻을 더해 주는 말이에요. 그래서 '개꿈'은 '특별한 내용도 없이 어수선하게 꾸는 꿈.'이라는 뜻이지요. 이처럼 단어의 짜임을 알면 단어의 뜻을 알기 쉬워요.

● 합성어와 파생어의 개념

둘 이상의 어근으로 이루어진 단어나 어근에 접사가 결합하여 이루어진 단어를 **복합어**라고 합니다. 이때 둘 이상의 어근으로 이루어진 단어는 **합성어**, 어근에 접사가 붙어 이루어진 단어는 **파생어**라고 합니다.

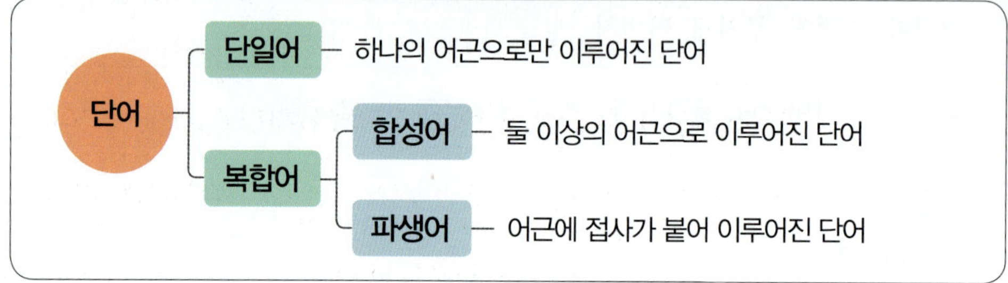

● 합성어와 파생어의 종류

합성어는 어근의 의미 관계에 따라 대등 합성어, 종속 합성어, 융합 합성어로 나누고, 파생어는 접사의 위치에 따라 접두 파생어와 접미 파생어로 나눕니다.

합성어	대등 합성어	어근과 어근이 비슷한 자격으로 이루어진 합성어
	종속 합성어	한 어근이 다른 어근을 꾸며 주는 관계로 이루어진 합성어
	융합 합성어	둘 이상의 어근이 합쳐져 원래의 의미를 잃고 새로운 의미를 갖게 된 합성어
파생어	접두 파생어	접사가 어근의 앞에 붙는 파생어
	접미 파생어	접사가 어근의 뒤에 붙는 파생어

1 합성어와 파생어에 대한 설명으로 알맞은 말을 빈칸에 쓰세요.

(1) 파생어는 어근과 ☐☐(으)로 이루어진 단어이다.

(2) 합성어는 둘 이상의 ☐☐(으)로 이루어진 단어이다.

(3) 접사가 어근의 앞에 붙는 파생어를 ☐☐ 파생어라고 한다.

(4) ☐☐ 합성어는 한 어근이 다른 어근을 꾸며 주는 역할을 한다.

(5) 둘 이상의 어근이 합쳐져 원래의 의미를 잃고 새로운 의미를 갖게 된 합성어를 ☐☐ 합성어라고 한다.

예시로 이해하는 문법 개념

● 합성어

(1) 대등 합성어

- **앞 뒤**, **손 발**, **논 밭**, **팔 다리**, **오 가다**
  앞+뒤　　손+발　　논+밭　　팔+다리　　오다+가다

(2) 종속 합성어

- **봄 비**, **돌 다리**, **책 가방**, **뛰어 가다**
  봄에 내리는+비　돌로 만든+다리　책을 담는+가방　뛰어서+가다

(3) 융합 합성어

- **밤 낮**, **피 땀**, **강 산**, **쥐 뿔**
  밤+낮　　　　피+땀　　　강+산　　　쥐+뿔
  → 늘, 항상　　→ 노력, 정성　→ 국토　　→ 보잘것없는 것

● 파생어

(1) 접두 파생어

- **한 여름**, **한 겨울**, **한 낮**, **한 밤중**　접두사 '한-': '한창'이라는 뜻
- **맨 발**, **맨 주먹**, **맨 다리**, **맨 땅**, **맨 몸**　접두사 '맨-': '다른 것이 없이 오직 그것뿐인'이라는 뜻
- **햇 나물**, **햇 과일**, **햇 감자**, **햇 양파**　접두사 '햇-': '올해에 난'이라는 뜻

(2) 접미 파생어

- **부모 님**, **선생 님**, **사장 님**, **대표 님**　접미사 '-님': '높임'의 뜻
- **잠 꾸러기**, **장난 꾸러기**, **욕심 꾸러기**　접미사 '-꾸러기': '그것이 심하거나 많은 사람'이라는 뜻

 **더 보기**

접두사와 접미사

　어근 앞에 붙는 접사를 접두사, 어근 뒤에 붙는 접사를 접미사라고 합니다. '접두'는 머리에 붙는다는 뜻으로 한자 接頭(붙을 접, 머리 두)를 쓰고, '접미'는 꼬리에 붙는다는 뜻으로 한자 接尾(붙을 접, 꼬리 미)를 씁니다.

---

2 다음 문장에서 밑줄 친 합성어의 종류로 알맞은 것을 찾아 선으로 이으세요.

(1)　말이 <u>앞뒤</u>가 안 맞다.　　　　　•

(2)　아이가 <u>돌다리</u>를 건넌다.　　　•　　•　㉠　대등 합성어

(3)　지각하지 않으려고 <u>뛰어갔다</u>.　•　　•　㉡　종속 합성어

(4)　날씨가 추워서 <u>손발</u>이 시리다.　•　　•　㉢　융합 합성어

(5)　조상들은 <u>피땀</u>으로 우리나라를 지켰다.　•

2. 단어의 짜임

종합

1 다음 단어를 짜임에 알맞게 선으로 이으세요.

(1) 손발 •　　　• ㉠ 어근

(2) 무지개 •　　　• ㉡ 접사＋어근

(3) 멋쟁이 •　　　• ㉢ 어근＋접사

(4) 풋고추 •　　　• ㉣ 어근＋어근

단일어

2 다음 문장에 쓰인 단어 중에서 단일어는 무엇인가요? (　　　　)

> 한여름의 하늘을 보며 주먹밥과 햇사과, 방울토마토를 먹었다.

① 한여름　　② 하늘　　③ 주먹밥　　④ 햇사과　　⑤ 방울토마토

복합어

3 다음 보기 의 단어들의 공통점은 무엇인가요? (　　　　)

> **보기**
>
> 첫눈　　햇콩　　맏아들　　사과나무

① 어근이 하나인 단어이다.
② 더 이상 나눌 수 없는 단어이다.
③ 한 어근이 다른 어근을 꾸며 주는 단어이다.
④ 어근과 어근이 비슷한 자격으로 이루어진 단어이다.
⑤ 둘 이상의 어근으로 이루어지거나 어근에 접사가 붙어 이루어진 단어이다.

합성어

4 다음 중 합성어끼리 묶인 것은 무엇인가요? (　　　　)

① 눈물 – 풋콩　　　② 강산 – 맨몸　　　③ 앞뒤 – 팔다리
④ 저녁 – 선생님　　⑤ 피땀 – 햇과일

체언
01 명사　사람이나 사물 등의 이름을 나타내는 단어　40~41쪽
02 대명사　사람, 사물, 장소의 이름을 대신하여 나타내는 단어　42~43쪽
03 수사　사람이나 사물 등의 수량이나 순서를 나타내는 단어　44~45쪽
용언
04 동사　사람이나 사물의 움직임이나 작용을 나타내는 단어　48~49쪽
05 형용사　사람이나 사물의 성질이나 상태를 나타내는 단어　50~51쪽
수식언
06 관형사　체언인 명사, 대명사, 수사 앞에서 체언을 꾸며 주어 문장에서 '어떠한'의 역할을 하는 단어　54~55쪽
07 부사　주로 용언인 동사와 형용사를 꾸며 주어 문장에서 '어떻게'의 역할을 하는 단어　56~57쪽
관계언
08 조사　앞에 오는 말에 붙어서 다른 말과의 문법적인 관계를 나타내거나 특별한 의미를 더해 주는 단어　58~59쪽
독립언
09 감탄사　말하는 사람의 감정이나 부름, 대답 등을 나타내는 단어　60~61쪽

01 명사

Q '초코파이'는 특정 상품의 이름일까요, 과자의 한 종류일까요?

A '초코파이'는 특정 회사에서 파는 상품의 이름으로 '고유 명사'였어요. 그러나 시간이 지나며 초코파이가 동그란 빵에 마시멜로를 넣고 초콜릿을 바른 과자류를 가리키는 말로 쓰이게 되었지요. 이처럼 '특정한 것'을 가리키던 말이 '보통의 것'을 가리키는 말로 변한 예는 더 있어요. '포스트잇, 콜라, 레고, 락스' 등도 더 이상 특정 상품의 이름이 아니랍니다.

● **품사의 개념**

쓰레기를 버릴 때 종이끼리, 플라스틱끼리, 음식물끼리 나누어 담는 것처럼 단어도 공통된 성질을 가진 것끼리 나누어 묶을 수 있습니다. 이렇게 단어를 일정한 기준에 따라 나누어 놓은 갈래를 **품사**라고 합니다.

● **품사의 분류 기준**

단어의 품사는 단어의 형태가 변하는지 변하지 않는지, 문장 안에서 단어의 기능이 무엇인지, 단어가 공통으로 지닌 의미가 무엇인지에 따라 나눕니다.

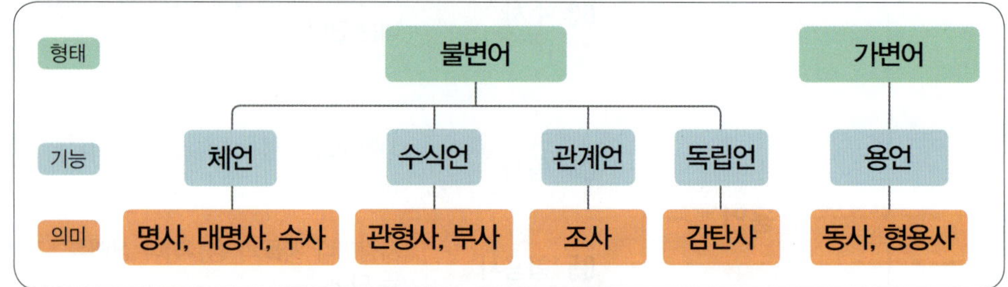

형태	불변어				가변어
기능	체언	수식언	관계언	독립언	용언
의미	명사, 대명사, 수사	관형사, 부사	조사	감탄사	동사, 형용사

● **명사의 개념**

"백두산에 호랑이가 산다."라는 문장에서 '백두산'은 산의 이름이고 '호랑이'는 동물의 이름입니다. 이와 같이 사람이나 사물 등의 이름을 나타내는 단어를 **명사**라고 합니다. 명사는 문장의 주체가 되어 중심을 이루는 말이므로 대명사, 수사와 함께 **체언**으로 분류합니다.

⊕ 어휘

● **갈래** 하나에서 둘 이상으로 갈라져 나간 낱낱의 부분이나 계통.

+ **체언** 문장에서 주어 따위의 기능을 하는 명사, 대명사, 수사를 통틀어 이르는 말.

1 명사에 대한 설명이 맞으면 ○표, 틀리면 ×표 하세요.

(1) 명사는 사람이나 사물 등의 이름을 나타내는 단어이다. (　　　)

(2) 명사는 대상의 이름을 나타내기 때문에 형태가 변한다. (　　　)

(3) 구체 명사는 구체적인 대상의 이름을 나타내는 명사이다. (　　　)

(4) 추상 명사에는 '사랑, 기쁨, 슬픔, 우정, 희망' 등이 있다. (　　　)

(5) 고유 명사는 같은 특성을 갖는 대상에 두루 쓰이는 명사이다.

(　　　)

● **명사의 종류**

명사는 구체적인 대상이나 추상적인 대상의 이름을 나타내기 때문에 형태가 변하지 않는다는 특성이 있습니다. 명사는 어떤 대상을 나타내는지에 따라 구체 명사와 추상 명사, 쓰이는 범위에 따라 고유 명사와 보통 명사로 나눕니다.

(1) 대상에 따른 구분

① **구체 명사**: 눈으로 볼 수 있는 구체적인 대상의 이름을 나타내는 명사

> 예 비, 우산, 구름, 책, 의자, 책상, 칠판, 과자, 가위, 거울

② **추상 명사**: 눈에 보이지 않는 추상적인 대상의 이름을 나타내는 명사

> 예 사랑, 기쁨, 슬픔, 우정, 희망, 우울, 외로움, 걱정

(2) 사용 범위에 따른 구분

① **고유 명사**: 특정한 사람이나 사물에만 쓰이는 이름을 나타내는 명사

> 예 백두산, 한라산, 한강, 섬진강, 세종 대왕, 신사임당, 대한민국, 서울

② **보통 명사**: 같은 특성을 갖는 대상에 두루 쓰이는 명사

> 예 사람, 동물, 식물, 바다, 산, 도시, 나무, 꽃, 학교, 학생

➕ **더 보기**
- '윤아, 세호, 동아 초등학교'와 같은 이름은 구체적인 대상의 이름인 동시에 특정한 사람이나 사물의 이름이므로 구체 명사도 되고 고유 명사도 됩니다.
- '사랑, 기쁨, 슬픔'과 같은 감정은 눈에 보이지 않는 추상적인 대상의 이름인 동시에 같은 특성을 갖는 감정에 두루 쓰이기 때문에 추상 명사도 되고 보통 명사도 됩니다.

➕ **어휘**
- **구체적인** 눈으로 직접 볼 수 있게 형태와 성질을 갖춘.
- **추상적인** 일정한 형태와 성질을 갖추고 있지 않은.

2 다음 문장에서 밑줄 친 명사의 종류로 알맞은 것을 찾아 선으로 이으세요.

(1) 주말 동안 책을 다 읽었다.　•

(2) 이웃에게 사랑을 베풀다.　•　　• ㉠ 구체 명사

(3) 친구와의 우정을 지키다.　•　　• ㉡ 추상 명사

(4) 구름이 하늘 높이 떠 있다.　•

02 대명사

Q '이것', '그것', '저것'은 어떻게 구분할까요?

A 대명사 '이', '그', '저'는 대상과 사람 사이의 거리를 나타내요. '이것'은 말하는 사람에게 가까이 있는 것을, '그것'은 듣는 사람에게 가까이 있는 것을, '저것'은 말하는 사람과 듣는 사람 모두에게 멀리 있는 것을 가리킬 때 쓰여요.

● **대명사의 개념**

　"나는 이것으로 할게, 너는 그것으로 정했니?"라는 문장에서 '나'와 '너'는 말하는 사람과 듣는 사람의 이름을 대신하여 나타내는 단어이고, '이것'과 '그것'은 사물의 이름을 대신하여 나타내는 단어입니다. 이와 같이 사람, 사물, 장소의 이름을 대신하여 나타내는 단어를 **대명사**라고 합니다.

● **명사와 대명사의 차이점**

　명사는 사람이나 사물 등의 이름을 나타내는 단어이고, 대명사는 이러한 명사를 대신하여 나타내는 단어입니다.

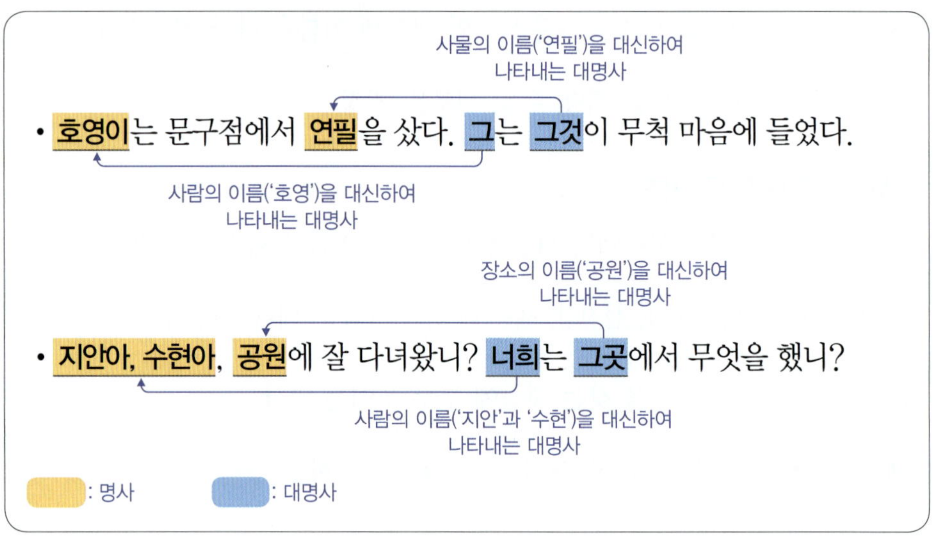

＋ 어휘

● **대신하여** 어떤 대상이 맡던 역할을 다른 대상이 새로 맡아.

1 대명사에 대한 설명으로 알맞은 말에 ○표 하세요.

(1) 대명사는 (명사, 동사)를 대신하여 나타내는 단어이다.

(2) '너, 너희, 그대, 당신, 여러분' 등은 (1인칭, 2인칭) 대명사이다.

(3) 인칭 대명사는 (사물, 사람)의 이름을 대신하여 나타내는 대명사이다.

(4) 대명사는 사람, 사물, 장소의 이름을 (반대로, 대신하여) 나타낸다.

(5) 지시 대명사는 사물이나 (장소, 숫자)의 이름을 대신하여 나타내는 대명사이다.

● 대명사의 종류

대명사는 어떤 명사를 대신하는지에 따라 나눕니다. 사람의 이름을 대신하여 나타내는 대명사를 **인칭 대명사**라고 하고, 사물이나 장소의 이름을 대신하여 나타내는 대명사를 **지시 대명사**라고 합니다.

(1) 인칭 대명사

- 1인칭 대명사: 나, 저, 우리, 저희 말하는 사람이 자신 또는 자신의 무리를 가리킴
- 2인칭 대명사: 너, 너희, 그대, 당신, 여러분 듣는 사람을 가리킴
- 3인칭 대명사: 그, 이분, 그분, 저분, 이이, 그이, 저이 말하는 사람과 듣는 사람이 아닌 나머지 사람을 가리킴
- 누구, 누구들, 아무, 아무들 대상의 이름을 모르거나, 특정 인물을 가리키지 않을 때 쓰는 대명사

(2) 지시 대명사

- 이것, 그것, 저것 사물의 이름을 대신하는 대명사
- 여기, 거기, 저기 장소의 이름을 대신하는 대명사

➕ 더 보기

대명사의 특징

다음 대화에서 '너'와 '나(내)'는 '나영'의 이름을 대신하여 나타내는 말입니다. 이처럼 대명사는 말하는 사람에 따라 같은 대상을 다른 표현으로 나타낼 수 있습니다.

> 민수: 너 오늘 나한테 왜 그래?
> 나영: 내가 뭘?

➕ 어휘

- **인칭** 사람을 가리키는 말. 어떤 움직임의 주체가 말하는 사람, 말 듣는 사람, 그 외의 사람 중 누구인가를 구별하는 말.
- **지시** 가리켜 보임.

---

2 다음 문장에서 밑줄 친 대명사의 종류로 알맞은 것을 찾아 선으로 이으세요.

(1) <u>나</u>는 학생이다.   •

(2) <u>이것</u>은 책이다.   •

               • ㉠ 인칭 대명사

(3) <u>거기</u>에 앉으세요.   •

               • ㉡ 지시 대명사

(4) <u>우리</u>는 산책을 하고 왔다.   •

03 수사

Q 세상에서 제일 큰 수는 무엇일까요?

A 동양에서 말하는 가장 큰 수는 '무량대수'로 10^{68}이라고 해요. 1에 0을 68개나 붙여야 하는 수예요. '불가사의'의 만 배가 되는 수죠. 무량대수보다 더 큰 수는 '겁'인데 이 수는 하늘과 땅이 한 번씩 생겨났다가 없어지고 다시 생겨나기까지의 동안이라는 뜻으로 실제로 셀 수 없는 단위이기도 해요.

● 수사의 개념

"나는 점심으로 바나나를 하나 먹었다."라는 문장에서 '하나'는 바나나의 수량을 나타내는 단어입니다. 그리고 "중요한 것은 첫째도 안전, 둘째도 안전입니다."라는 문장에서 '첫째'와 '둘째'는 중요한 것의 순서를 나타내는 단어입니다. 이와 같이 사람이나 사물 등의 수량이나 순서를 나타내는 단어를 **수사**라고 합니다.

> • 나는 달리기 시합에서 **첫째**로 들어왔다.
> 　　　　　　시합에서 들어온 순서를 나타내는 수사
> • 그래서 공책 **하나**를 상으로 받았다.
> 　　　공책의 수량을 나타내는 수사

● 대명사와 수사의 차이점

문장에서 쓰일 때 대명사는 앞에 '이, 그, 저'의 말로 꾸밈을 받을 수 없습니다. 그러나 수사는 '이, 그, 저'의 말로 꾸밈을 받을 수 있습니다.

> 　　　대명사
> • 저 **너희**는 어제 무엇을 했니? (×) → '저'의 꾸밈을 받을 수 없음.
> 　　　수사
> • 저 **둘**은 어렸을 때부터 친하게 지냈다. (○) → '저'의 꾸밈을 받을 수 있음.

＋ 어휘

● **수량** 수와 양.

● **순서** 어떤 일을 하거나 어떤 일이 이루어지는 차례.

1 수사에 대한 설명이 맞으면 ○표, 틀리면 ×표 하세요.

(1) 서수사는 순서를 나타내는 수사이다. 　　　　　　　　(　　)

(2) 수나 양을 나타내는 수사는 양수사이다. 　　　　　　　(　　)

(3) '일, 이, 삼, 사'는 고유어로 된 양수사이다. 　　　　　　(　　)

(4) 수사는 사람이나 사물 등의 수량이나 순서를 나타내는 단어이다.
　　　　　　　　　　　　　　　　　　　　　　　　　　(　　)

(5) '한두째, 두세째'는 정확한 숫자를 나타내지 않으므로 수사가 아니다.
　　　　　　　　　　　　　　　　　　　　　　　　　　(　　)

● **수사의 종류**

(1) **양수사**: '하나, 둘, 셋' 등과 같이 수량을 나타내는 수사

> • 하나, 둘, 셋, 넷, 열, 스물, 서른, 마흔   고유어 양수사
>
> 하나나 둘　　　셋이나 넷　　　　　　다섯이나 여섯　　　　　일곱이나 여덟
> • 한둘, 두셋, 서넛, 네다섯(네댓, 너댓), 대여섯, 예닐곱, 일고여덟(일여덟),
> 　　둘이나 셋　　　　　넷이나 다섯　　　　여섯이나 일곱
>
> 　여덟아홉(열아홉)
> 　여덟이나 아홉
>
> • 일(一), 이(二), 삼(三), 사(四), 십(十), 이십(二十), 백(百), 천(千) 한자어 양수사

(2) **서수사**: '첫째, 둘째, 셋째' 등과 같이 순서를 나타내는 수사

> • 첫째, 둘째, 셋째, 넷째, 열네째, 서른째   고유어 서수사
>
> 첫 번째나 두 번째쯤　　세 번째나 네 번째쯤　　　　　　다섯 번째나 여섯 번째쯤
> • 한두째, 두세째, 서너째, 네다섯째(네댓째, 너댓째), 대여섯째, 예닐곱째,
> 　　두 번째나 세 번째쯤　　　　네 번째나 다섯 번째쯤　　　여섯 번째나 일곱 번째쯤
>
> 　여남은째(여남째)
> 　열 번째가 조금 넘는 차례
>
> • 제일(第一), 제이(第二), 제삼(第三), 제사(第四) 한자어 서수사

 **더 보기**

서수사 '첫째, 둘째, 셋째' 등은 명사로 쓰일 때도 있습니다.

'첫째, 둘째, 셋째'가 순서를 나타내어 '첫 번째, 두 번째, 세 번째'로 바꾸어 쓸 수 있으면 수사입니다. 하지만 '첫째, 둘째, 셋째'가 형제자매의 차례를 나타내어 '첫째 언니, 둘째 오빠, 셋째 자식' 등으로 바꾸어 쓸 수 있으면 명사입니다.

---

2 다음 문장에서 수사를 찾아 밑줄을 그으세요.

(1) 너와 나는 둘 다 키가 크다.

(2) 필통에서 연필 하나를 꺼냈다.

(3) 넓은 들판에 철새 한둘이 날아다닌다.

(4) 글을 읽을 때는 첫째, 읽는 목적을 생각해야 한다.

3. 품사 (1)

종합

1 다음 중 품사에 대한 설명이 맞으면 ○표, 틀리면 ×표 하세요.

(1) '나'는 인칭 대명사이다. ( )

(2) 양수사는 수량을 나타내는 수사이다. ( )

(3) 명사, 대명사, 수사는 모두 체언이다. ( )

(4) 대명사는 사람이나 사물 등의 이름을 나타내는 말이다. ( )

종합

2 다음 밑줄 친 단어의 품사를 찾아 알맞게 선으로 이으세요.

(1) 여기를 보세요. •   • ㉠ 명사

(2) 토끼는 동물이다. •   • ㉡ 수사

(3) 우리 둘이 힘을 합치자. •   • ㉢ 대명사

명사

3 다음과 같이 단어를 나누었을 때, ㉠에 대한 설명으로 알맞은 것을 두 가지 고르세요.

(,)

> ㉠ 나무, 하늘, 집, 자동차   ㉡ 우정, 행복, 시간, 믿음

① 구체적인 대상의 이름이다.

② 추상적인 대상의 이름이다.

③ '희망'은 ㉠에 포함할 수 있다.

④ 눈에 보이는 대상의 이름이다.

⑤ 눈에 보이지 않는 대상의 이름이다.

대명사

4 다음 중 보기 의 내용에 모두 해당하는 단어는 무엇인가요? ( )

> **보기**
> • 명사가 쓰일 자리에 명사를 대신하여 쓰는 단어
> • 사물이나 장소의 이름을 대신하여 나타내는 단어

① 우리   ② 이분   ③ 누구

④ 당신   ⑤ 여기

대명사 **5** 다음 중 밑줄 친 ㉠이 가리키는 것은 무엇인가요? (   )

> 조선 시대 한양에는 도성을 쌓고 사람들이 오갈 수 있도록 동서남북 4개의 방향으로 큰문을 내고, ㉠그것 사이에 작은 문을 더 냈다.

① 조선 ② 한양
③ 도성 ④ 큰문
⑤ 작은 문

수사 **6** 다음 밑줄 친 단어 중 순서를 나타내는 말은 무엇인가요? (   )

① 너도 이 빵 하나 먹어 볼래?
② 이와 사를 더하면 육이 된다.
③ 우리 둘은 가장 친한 친구이다.
④ 아이들 서넛이 놀이터에서 놀고 있다.
⑤ 건강을 지키기 위해서는 첫째, 골고루 먹어야 한다.

쓰기로 잡는 문법

7 다음 글에서 명사를 대명사로 바꾸어 쓰려고 합니다. 빈칸에 들어갈 대명사에 ○표 하고, 빈칸에 알맞게 써서 문장을 완성하세요.

> 준수는 어제 편의점에 갔다. ㉠편의점에는 과자가 많았다. ㉡준수는 과자를 샀다. ㉢과자는 정말 맛있었다.

	대명사	문장
(1)	이것 , 거기	㉠ [ ] 에는 과자가 많았다.
(2)	그 , 당신	㉡ [ ] 은/는 과자를 샀다.
(3)	그것 , 여기	㉢ [ ] 은/는 정말 맛있었다.

04 동사

A "꽃이 피다."라는 문장에서
'피다'는 '꽃봉오리 따위가 벌
어지다.'라는 뜻이에요. 벌어지는
것은 잎이나 가지가 활짝 열리는
움직임을 나타내는 말이지요. 이
와 같이 사물이나 사람의 움직임
을 나타내는 말을 동사라고 한답
니다. 따라서 "꽃이 피다."라는 문
장은 꽃의 움직임을 나타내는 말
이에요.

● 동사의 개념

"나는 아침에 일어나서 씻고 밥을 먹은 뒤 학교에 갑니다."라는 문장에서 '일어나서, 씻고, 먹은, 갑니다'는 모두 '나'의 움직임을 나타내는 말입니다. 이와 같이 사람이나 사물의 움직임이나 작용을 나타내는 단어를 **동사**라고 합니다.

동사는 용언으로 분류합니다. **용언**은 문장에서 주체의 움직임, 작용, 성질 등을 나타내는 역할을 하는 단어입니다.

● 동사의 활용

동사는 문장 안에서 형태가 변하는데 이를 '활용'이라고 합니다. '먹다'가 활용할 때 '먹고, 먹는, 먹어서' 등이 되는데 이때 '먹–'과 같이 변하지 않는 부분은 **어간**이라고 하고, '–고, –는, –어서'와 같이 변하는 부분은 **어미**라고 합니다.

	어간		어미		활용형
	먹–	+	–고	→	먹고
먹다	먹–	+	–는	→	먹는
	먹–	+	–어서	→	먹어서

● 동사의 형태

현재	어간+'–는다/–ㄴ다'로 활용하여 움직임이나 작용이 현재 일어남을 나타냄.
명령	어간+'–아라/–어라'로 활용하여 명령의 뜻을 나타냄.
청유	어간+'–자'로 활용하여 요청의 뜻을 나타냄.
그 외	어간+'–고, –아서/–어서' 등으로 활용하여 연결이나 원인을 나타냄.

1 동사에 대한 설명이 맞으면 ○표, 틀리면 ✕표 하세요.

(1) 동사는 문장에서 형태가 변하지 않는다. ( )

(2) 동사가 활용할 때 변하지 않는 부분을 어간이라고 한다. ( )

(3) 사람이나 사물 등의 움직임을 나타내는 말을 동사라고 한다.

( )

(4) 동사의 어미를 '–아라/–어라'로 활용하면 요청의 뜻을 나타낼 수 있다.

( )

예시로 이해하는 문법 개념

● '일어나다'의 활용

• 나는 아침에 일찍 **일어난다**. 　일어나-+-ㄴ다 → 현재(평소) 일어남	• 내일 아침에 일찍 **일어나라**. 　일어나-+-(아)라 → 일어날 것을 명령
• 아침에 일찍 **일어나자**. 　일어나-+-자 → 일어날 것을 요청	• 아침에 **일어나서** 운동하자. 　일어나-+-(아)서 → '일어나다'와 '운동하자'를 연결

● '씻다'의 활용

• 나는 지금 **씻는다**. 　씻-+-는다 → 현재 씻음	• 깨끗하게 **씻어라**. 　씻-+-어라 → 씻을 것을 명령
• 손부터 **씻자**. 　씻-+-자 → 씻을 것을 요청	• 손을 **씻고** 밥을 먹었다. 　씻-+-고 → '손을 씻다'와 '밥을 먹다'를 연결

● '먹다'의 활용

• 밥을 **먹는다**. 　먹-+-는다 → 현재 먹음	• 밥을 **먹어라**. 　먹-+-어라 → 먹을 것을 명령
• 밥을 **먹자**. 　먹-+-자 → 먹을 것을 요청	• 밥을 **먹어서** 배부르다. 　먹-+-어서 → 먹은 것이 배부른 것의 원인

● '가다'의 활용

• 학교에 **간다**. 　가-+-ㄴ다 → 현재(평소) 감	• 어서 학교에 **가라**. 　가-+-(아)라 → 갈 것을 명령
• 학교에 같이 **가자**. 　가-+-자 → 갈 것을 요청	• 네가 학교에 **가서** 기쁘다. 　가-+-(아)서 → 간 것이 기쁜 것의 원인

➕ 더 보기

기본형

　용언이 활용을 할 때, 변하지 않는 부분인 어간에 어미 '-다'가 붙은 형태를 기본형으로 봅니다. '일어나다'(일어나-+-다), '씻다'(씻-+-다), '먹다'(먹-+-다), '가다'(가-+-다)가 기본형입니다.

➕ 더 보기

자동사와 타동사

　동사는 자동사와 타동사로 나눌 수도 있습니다. 자동사는 "새가 난다."에 쓰인 '날다'와 같이 동사가 나타내는 움직임이나 작용이 주어('새가')에만 미쳐 목적어가 필요 없는 동사를 말합니다. 타동사는 "민수가 바지를 입다."에 쓰인 '입다'와 같이 움직임의 대상인 목적어('바지를')가 필요한 동사를 말합니다.

---

2 다음 문장에서 밑줄 친 동사의 어간을 찾아 선으로 이으세요.

(1) 　깨끗하게 <u>씻어라</u>.　　•

(2) 　학교에 같이 <u>가자</u>.　　•　　　　　• ㉠　가-

(3) 　어서 학교에 <u>가라</u>.　　•

(4) 　손을 <u>씻고</u> 밥을 먹었다.　•　　　　• ㉡　씻-

05 형용사

Q "아프지 말고 건강하세요."가 틀린 표현이라고요?

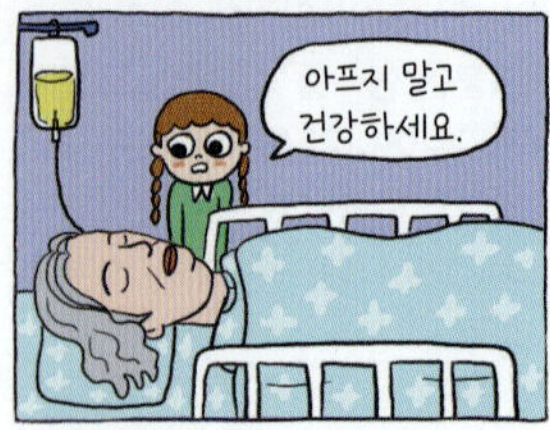

A '건강하세요'는 어간 '건강하-'에 어미 '-세요'가 붙은 말이에요. 이때 '-세요'는 명령을 나타내는 어미이죠. 명령을 나타내는 어미는 형용사와 함께 쓸 수 없기 때문에 '건강하세요'는 문법적으로 틀린 말이랍니다.

그럼 건강하기를 바라는 인사는 어떻게 해야 할까요? "건강하게 지내세요."와 같이 고쳐 말하면 된답니다.

● 형용사의 개념

"사과는 둥글고, 바나나는 길쭉하다."라는 문장에서 '둥글고'는 사과의 모양을, '길쭉하다'는 바나나의 모양을 나타내는 말입니다. 이와 같이 사람이나 사물의 성질이나 상태를 나타내는 단어를 **형용사**라고 합니다.

형용사도 문장에서 주체의 성질이나 상태를 나타내는 역할을 하므로 동사와 함께 용언으로 분류합니다.

● 형용사의 활용

형용사도 문장에서 쓰일 때 형태가 변하는 활용을 합니다. 그런데 동사와 달리 형용사는 현재를 나타내는 어미 '-는다/-ㄴ다', 명령을 나타내는 어미 '-아라/-어라', 청유를 나타내는 어미 '-자'와는 함께 쓸 수 없습니다.

어간		어미		활용형
많-	+	-고	→	많고
많-	+	-으니	→	많으니
많-	+	-는다(×)	→	많는다(×)
많-	+	-아라(×)	→	많아라(×)
많-	+	-자(×)	→	많자(×)

(많다)

● 형용사의 종류

성상 형용사	사람이나 사물의 성질이나 상태를 나타내는 형용사
지시 형용사	사람이나 사물의 성질, 시간, 수량 따위가 어떠하다는 것을 대신 나타내는 형용사

1 형용사에 대한 설명으로 알맞은 말을 빈칸에 쓰세요.

(1) 형용사는 동사와 함께 ☐☐(으)로 분류한다.

(2) 형용사는 문장에서 쓰일 때 동사처럼 ☐☐이/가 변한다.

(3) 사람이나 사물의 성질, 수량 등을 대신 나타내는 형용사를 ☐☐ 형용사라고 한다.

(4) 사람이나 사물 등의 성질이나 상태를 나타내는 단어를 ☐☐☐(이)라고 한다.

● 성상 형용사 – '둥글다'의 활용

• 보름달이 **둥글다**. 둥글–+–다 → 보름달의 성질·상태를 나타냄	• **둥근** 해가 떴습니다. 둥그–+–ㄴ → 해의 성질·상태를 나타냄
• 동생은 얼굴이 **둥글어** 귀엽다. 둥글–+–어 → 얼굴의 성질·상태를 나타냄	• **둥글게** 모여 앉습니다. 둥글–+–게 → 모여 앉은 성질·상태를 나타냄
• 사과는 **둥글고** 단단하다. 둥글–+–고 → 사과의 성질·상태를 나타냄	• 공은 **둥글어서** 잘 구른다. 둥글–+–어서 → 공의 성질·상태를 나타냄

● 성상 형용사 – '길쭉하다'의 활용

• 기린의 다리가 **길쭉하다**. 길쭉하–+–다 → 다리의 성질·상태를 나타냄	• 그는 **길쭉한** 얼굴을 가지고 있다. 길쭉하–+–ㄴ → 얼굴의 성질·상태를 나타냄
• 나는 **길쭉하게** 생긴 빵을 골랐다. 길쭉하–+–게 → 빵의 성질·상태를 나타냄	• 지네의 몸통은 **길쭉하며** 가늘다. 길쭉하–+–며 → 몸통의 성질·상태를 나타냄
• 바나나는 **길쭉하고** 속이 희다. 길쭉하–+–고 → 바나나의 성질·상태를 나타냄	• 손잡이가 **길쭉하니** 잡기에 편하다. 길쭉하–+–니 → 손잡이의 성질·상태를 나타냄

● 지시 형용사

• **이러한** 사람을 보시면 연락 주세요. 이러하–+–ㄴ → 사람의 성질·상태를 나타냄	• 아프니? 나도 **그러하다**. 그러하–+–다 → 나의 성질·상태를 나타냄
• 이 책의 내용은 **어떠하니**? 어떠하–+–니 → 내용의 성질·상태를 나타냄	• 구름의 모양이 원래 **저러했던가**? 저러하–+–였던가 → 구름의 성질·상태를 나타냄

더 보기

어미 '–ㄴ다'와 '–ㄴ'

　형용사는 동사와 달리 어간에 현재를 나타내는 어미 '–는다/–ㄴ–'을 함께 쓸 수 없습니다. '둥근'은 어간 '둥그–'에 어미 '–ㄴ다'가 아니라 '–ㄴ'이 붙은 형용사입니다. '–ㄴ다'는 현재를 나타내는 어미이고, '–ㄴ'는 뒤의 말을 꾸며 주는 어미이므로 헷갈리지 않도록 주의해야 합니다.

---

2 다음 문장에서 형용사를 찾아 ○표 하세요.

(1) 보름달이 둥글다.

(2) 이 책의 내용은 어떠하니?

(3) 나는 길쭉하게 생긴 빵을 골랐다.

(4) 이러한 사람을 보시면 연락 주세요.

종합

1 다음 문장이 동사에 대한 설명이면 '동', 형용사에 대한 설명이면 '형'이라고 쓰세요.

(1) 사람이나 사물의 성질이나 상태를 나타내는 단어이다. (　　　)

(2) 현재를 나타내는 어미 '-는다/-ㄴ다'로 활용할 수 있다. (　　　)

(3) 사람이나 사물의 움직임이나 작용을 나타내는 단어이다. (　　　)

(4) 사람이나 사물의 성질이 어떠하다는 것을 대신 나타내는 말이다. (　　　)

동사

2 다음 중 밑줄 친 단어가 동사인 것을 두 가지 고르세요. (　　,　　)

① 마당에 핀 꽃이 예쁘다.

② 우리 함께 공원을 걷자.

③ 방학이 시작되어 행복하다.

④ 일찍 일어나서 운동을 했다.

⑤ 바지가 짧아 움직이기 불편하다.

동사

3 보기 와 같이 활용하는 단어의 품사와 그 기본형을 바르게 연결한 것은 무엇인가요?

(　　　)

> 보기
>
> 먹고, 먹으니, 먹어서, 먹는

① 동사 – 먹다

② 동사 – 먹자

③ 형용사 – 먹다

④ 동사 – 먹는데

⑤ 형용사 – 먹어라

형용사

4 다음 ㉠~㉣을 형용사의 종류에 맞게 분류하여 쓰세요.

> ㉠ 착하다　　㉡ 하얗다　　㉢ 가볍다　　㉣ 이러하다

(1) 성상 형용사: (　　　　　　　　　)

(2) 지시 형용사: (　　　　　　　　　)

종합 **5** 다음 밑줄 친 단어와 같이 활용할 수 없는 것은 무엇인가요? (   )

> 나랑 같이 영화를 <u>보자</u>.

① 웃다　　　　　　　　② 덮다
③ 즐겁다　　　　　　　④ 나누다
⑤ 가리다

종합 **6** 다음 중 동사와 형용사가 모두 쓰인 문장이 <u>아닌</u> 것은 무엇인가요? (   )

① 차가운 비가 내린다.
② 빨간 장미가 피었다.
③ 아기가 귀엽고 사랑스럽다.
④ 물을 많이 넣어 국이 싱겁다.
⑤ 형이 오래된 자전거를 고쳤다.

쓰기로 잡는 문법

7 다음 단어의 품사에 ○표 하고, 빈칸에 알맞은 활용형을 써서 문장을 완성하세요.

단어	품사	문장
(1) 작다	동사, 형용사	옷이 [ ] 불편하다.
(2) 그리다	동사, 형용사	이리 와서 함께 그림을 [ ].
(3) 빠르다	동사, 형용사	[ ] 걸었더니 온몸에 땀이 난다.

06 관형사

Q '꾸며 주는 말'이 붙으면 예뻐지는 건가요?

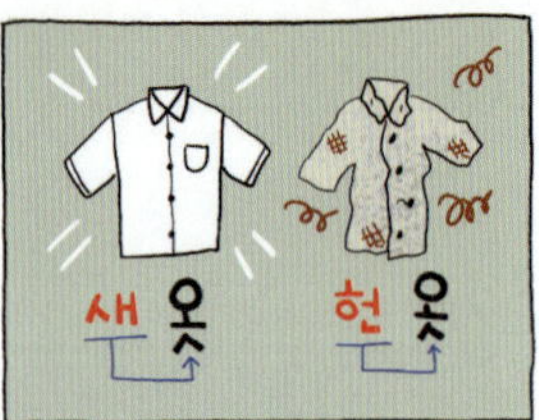

A '꾸며 주는 말'은 모양이나 상태를 예쁘게 단장하는 말이라는 뜻이 아니라, 대상의 상태나 성질을 자세하고 분명하게 나타내는 말이라는 뜻이에요. '새 옷'에서 '새'는 그냥 옷이 아니라 새로운 혹은 새로 산 옷이라는 뜻을 자세히 나타내 주고, '헌 옷'에서 '헌'은 그냥 옷이 아니라 오래되어 낡은 옷이라는 뜻을 나타내 주는 것처럼요.

● 관형사의 개념

"두껍아, 두껍아, 헌 집 줄게, 새 집 다오."라는 문장에서 '헌'과 '새'는 '집'이 어떤 상태인지를 꾸며 주는 말입니다. 이와 같이 체언인 명사, 대명사, 수사 앞에서 체언을 꾸며 주어 문장에서 '어떠한(어떤)'의 역할을 하는 단어를 **관형사**라고 합니다.

'꾸며 주는 말'은 대상의 상태나 성질 등을 자세하고 분명하게 나타내는 말로 **수식언**이라고 합니다. 관형사는 부사와 함께 수식언으로 분류합니다.

● 관형사의 특징

관형사는 문장 안에서 형태가 변하지 않으며, **조사**가 붙지 않습니다.

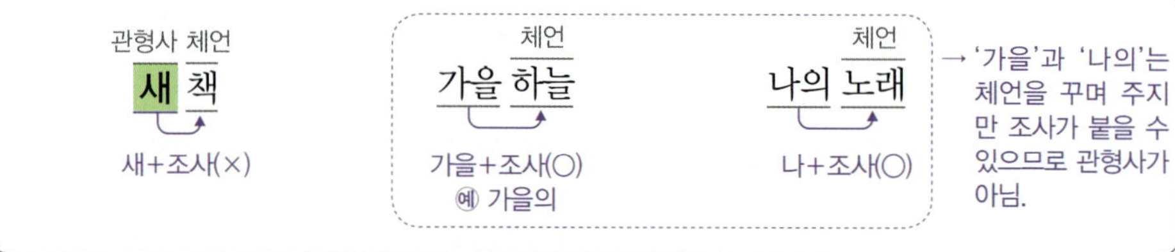

● 관형사의 종류

성상 관형사	사람이나 사물의 모양, 상태, 성질을 나타내는 관형사 예 새, 헌, 옛, 오랜
지시 관형사	특정한 대상을 지시하여 가리키는 관형사 예 이, 그, 저, 이런, 그런, 저런, 어느, 무슨
수 관형사	수량이나 순서를 나타내는 관형사 예 한, 두, 세(서, 석), 네(너, 넉), 첫째, 둘째, 여러, 모든

+ 어휘

+ 조사 앞에 오는 말에 붙어서 다른 말과의 문법적인 관계를 나타내거나 특별한 의미를 더해 주는 품사.

---

1 관형사에 대한 설명이 맞으면 ○표, 틀리면 ×표 하세요.

(1) 관형사에는 조사가 붙지 않는다. ( )

(2) 관형사는 체언을 꾸며 주는 역할을 한다. ( )

(3) 지시 관형사는 수량이나 순서를 나타낸다. ( )

(4) 관형사는 문장에서 쓰일 때 형태가 변한다. ( )

(5) '옛', '오랜'은 대상의 성질이나 상태를 나타내는 관형사이다.

( )

예시로 이해하는 문법 개념

● 성분 부사

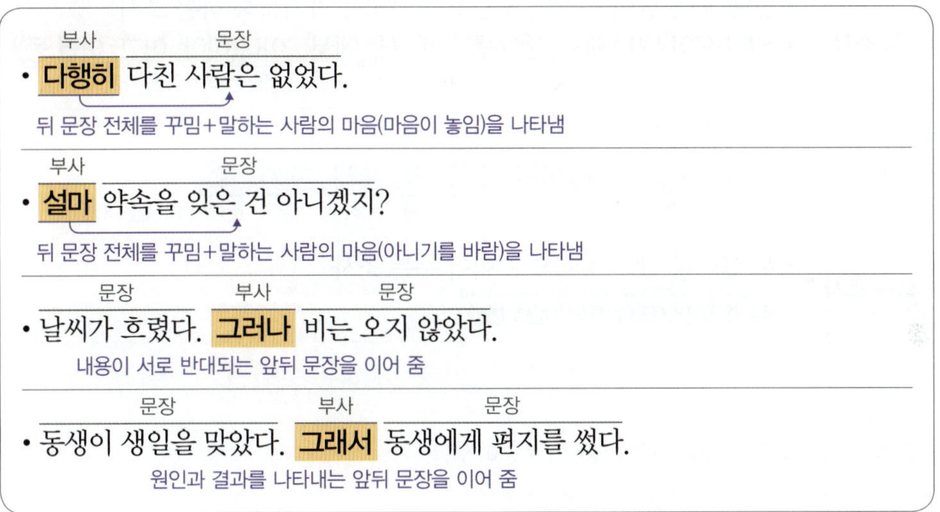

부사 용언(형용사)	부사 용언(동사)
• 그 일은 **매우** 중요하다.	• 화분에 물을 **자주** 주지 마세요.
용언 '중요하다'의 정도를 꾸밈	용언 '주다'의 정도를 꾸밈
• **이리** 오세요.	• 나는 **오늘** 지각했다.
용언 '오다'의 장소를 가리킴	용언 '지각했다'의 시간을 가리킴
• 동생은 간식을 **못** 먹었다.	• 비가 **안** 온다.
용언 '먹었다'의 내용을 부정함	용언 '온다'의 내용을 부정함

● 문장 부사

• **다행히** 다친 사람은 없었다.
뒤 문장 전체를 꾸밈＋말하는 사람의 마음(마음이 놓임)을 나타냄
• **설마** 약속을 잊은 건 아니겠지?
뒤 문장 전체를 꾸밈＋말하는 사람의 마음(아니기를 바람)을 나타냄
• 날씨가 흐렸다. **그러나** 비는 오지 않았다.
내용이 서로 반대되는 앞뒤 문장을 이어 줌
• 동생이 생일을 맞았다. **그래서** 동생에게 편지를 썼다.
원인과 결과를 나타내는 앞뒤 문장을 이어 줌

＋ 더 보기
부사를 꾸며 주는 부사

부사 부사
밥을 너무 많이 먹었다.

'너무'는 부사 '많이'를 꾸며 주는 부사이고, '많이'는 용언 '먹었다'를 꾸며 주는 부사입니다. 이처럼 부사는 다른 부사를 꾸밀 수 있습니다.

＋ 더 보기
부사의 위치

• 설마 약속을 잊었어?   → 약속을 설마 잊었어?   → 약속을 잊었어 설마?

말하는 사람의 마음을 나타내는 부사가 문장 전체를 꾸며 줄 때에는 문장 안에서 자리 바꿈이 자유롭습니다.

---

2 빈칸에 들어갈 알맞은 부사를 찾아 선으로 이으세요.

(1) ☐ 오세요. ・　・ ㉠ 못

(2) 간식을 ☐ 먹었다. ・　・ ㉡ 이리

(3) ☐ 다친 사람은 없었다. ・　・ ㉢ 설마

(4) ☐ 책을 놓고 온 건 아니겠지? ・　・ ㉣ 다행히

08 조사

동영상 강의

Q 조사가 중요한 이유를 알고 있나요?

A 조사 '도', '만'은 문장에서 특별한 뜻을 더해 주는 단어예요. 조사만 바뀌어도 문장의 의미가 달라져요. '춤도 잘 춘다.'와 '춤만 잘 춘다.'는 한 글자인 조사 '도'와 '만'만 다르지만 의미는 많이 달라졌어요. 다른 것에 더해 춤도 잘 춘다는 의미가 다른 것은 못하지만 춤 하나만 잘 춘다는 의미로 바뀌었잖아요. 이처럼 조사를 잘 사용하면 문장의 의미를 더욱 잘 나타낼 수 있어요.

● 조사의 개념

"비가 내리고 바람도 분다."라는 문장에서 '가'는 앞에 오는 말 '비'에 붙어 '비'를 문장의 주체로 만들어 주고, '도'는 앞에 오는 말 '바람'에 붙어 비가 내리는데 바람까지 분다는 의미를 더해 줍니다. 이와 같이 앞에 오는 말에 붙어서 다른 말과의 문법적인 관계를 나타내거나 특별한 의미를 더해 주는 단어를 **조사**라고 합니다.

조사는 문장에서 단어들의 문법적 관계를 나타내는 역할을 하는 단어인 **관계언**으로 분류합니다.

● 조사의 종류

조사는 홀로 쓰일 수 없기 때문에 주로 체언 뒤에 붙어서 쓰입니다. 또한 문장에서 쓰일 때 형태가 변하지 않지만 '이다'만 예외적으로 형태가 변합니다.

격 조사	• 앞에 오는 말이 문장에서 일정한 자격을 가지도록 하는 조사 • 앞말+'이/가/께서', '을/를', '의', '에, 에서', '이다(이야, 이고, 이면 등)' 앞말이　　　주어　　　목적어　관형어　부사어　　　서술어의 자격을 가지도록 함.
보조사	• 앞에 오는 말에 특별한 의미를 더해 주는 조사 • 앞말+'은/는', '도, 마저, 조차', '만', '부터', '까지', '요' 앞말에　대조　　　더함　　　한정　시작　끝　존대의 의미를 더함.
접속 조사	• 두 단어를 같은 자격으로 이어 주는 조사 • 앞말+'과/와', '하고', '(이)랑'

⊕ 어휘

● **관계** 둘 이상의 것이 서로 관련을 맺거나 관련이 있음.

● **자격** 일정한 일을 하는 데 필요한 조건이나 능력.

---

1 조사에 대한 설명이 맞으면 ○표, 틀리면 ✕표 하세요.

(1) 조사는 홀로 쓰일 수 있는 단어이다. (　　　)

(2) 조사는 단어들의 문법적 관계를 나타내는 관계언이다. (　　　)

(3) 보조사 '도'는 앞에 오는 말에 특별한 의미를 더해 준다. (　　　)

(4) 조사는 문장에서 형태가 변하지 않지만, '이다'는 형태가 변한다. (　　　)

(5) 조사 '을/를'은 앞에 오는 말이 문장에서 주어의 자격을 가지도록 한다. (　　　)

예시로 이해하는 문법 개념

● **격 조사**

• 눈물**이** 흐른다. 앞말 '눈물'이 흐르는 것의 주어가 되게 함	• 수영복**을** 입었다. 앞말 '수영복'이 입은 것의 목적어가 되게 함
• 너**의** 목소리가 들린다. 앞말 '너'가 목소리를 꾸며 주는 관형어가 되게 함	• 나는 학교**에서** 달리기를 했다. 앞말 '학교'가 달리기한 일을 꾸며 주는 부사어가 되게 함
• 나는 학생**이다**. 앞말 '학생'이 '나'를 풀이하는 서술어가 되게 함	• 이것은 예쁜 나팔꽃**이네**. 앞말 '나팔꽃'이 '이것'을 풀이하는 서술어가 되게 함

● **보조사**

• 너**는** 꼭 와야 한다. 앞말 '너'가 다른 사람과 다름을 의미	• 민지**마저** 나를 떠났다. 나를 떠난 대상이 앞말 '민지'뿐만이 아님을 의미
• 현수는 잠**만** 잤다. '현수'가 한 행동을 앞말 '잠'으로 한정함을 의미	• 영화는 처음**부터** 재미있었다. 재미있었던 것이 앞말 '처음'에서 시작했음을 의미
• 나는 문구점**까지** 달렸다. 앞말 '문구점'이 내가 달린 장소의 끝임을 의미	• 잠이 오지 않는걸**요**. 앞말 '않는걸'에 존대의 의미를 더함

● **접속 조사**

• 개**와** 고양이가 만났다. '개'와 '고양이'를 같은 자격(만난 대상)으로 이어 줌	• 붓**하고** 먹을 가져오너라. '붓'과 '먹'을 같은 자격(가져올 것)으로 이어 줌
• 너**랑** 나는 나이가 같다. '너'와 '나'를 같은 자격(나이가 같음)으로 이어 줌	• 떡볶이**랑** 순대를 같이 먹었다. '떡볶이'와 '순대'를 같은 자격(먹었던 것)으로 이어 줌

➕ 더 보기

- 주어: 문장에서 움직임이나 상태 등의 주체가 되는 말 → 68쪽 참고
- 서술어: 문장에서 주어의 움직임이나 상태를 풀이하는 말 → 70쪽 참고
- 목적어: 문장에서 움직임의 대상이 되는 말 → 72쪽 참고
- 관형어: 문장에서 체언을 꾸며 주는 말 → 78쪽 참고
- 부사어: 문장에서 주로 용언을 꾸며 주는 말 → 80쪽 참고

2 다음 문장에 들어갈 알맞은 조사에 ○표 하세요.

(1) 나는 학생(에서, 이다).

(2) 현수는 잠(만, 와) 잤다.

(3) 너(가, 의) 목소리가 들린다.

(4) 떡볶이(랑, 께서) 순대를 같이 먹었다.

09 감탄사

Q 재채기를 한 사람에게 외치는 감탄사가 있나요?

A 영어를 쓰는 나라에서는 재채기를 한 상대방에게 '블레스 유(bless you)'라고 말하며 위로를 건네요. 우리말에도 이런 표현이 있어요. 감탄사 '개치네쒜'예요. 이 소리를 외치면 감기가 재채기를 한 사람에게 들어오지 못하고 물러간다고 해요. 이제 재채기를 한 사람에게 '개치네쒜'라고 외쳐 보세요.

● 감탄사의 개념

"아이고, 깜짝이야."라는 문장에서 '아이고'는 놀란 느낌을 표현하는 단어입니다. 이와 같이 말하는 사람의 감정이나 부름, 대답 등을 나타내는 단어를 **감탄사**라고 합니다. 감탄사는 문장에서 다른 말들에 얽매이지 않고 독립적으로 쓰여 **독립언**으로 분류합니다.

● 감탄사의 특징

감탄사가 빠져도 문장의 뜻은 변하지 않습니다. 감탄사는 문장의 뜻에 영향을 주지 않고 다른 말과 관계 맺지 않기 때문입니다. 그래서 감탄사에는 조사가 붙지 않습니다. 또한 "아이고!"처럼 감탄사 홀로 문장을 이룰 수도 있습니다.

● 감탄사의 종류

감정을 나타내는 감탄사	놀람, 반가움 등의 느낌이나 기분을 나타내는 감탄사 예 어머, 아이고, 아, 앗, 흥, 저런
부름을 나타내는 감탄사	아랫사람이나 또래, 윗사람을 부를 때 쓰는 감탄사 예 야, 애, 여보, 이봐, 여보게, 여보세요
대답을 나타내는 감탄사	상대의 말에 긍정하거나 부정하여 대답할 때 쓰는 감탄사 예 응, 그래, 네, 아니요, 오냐

➕ 어휘

- **긍정하거나** 그러하다고 생각하여 옳다고 인정하거나.
- **부정하며** 그럴지 아니하다고 판단하거나 옳지 아니하다고 반대하여.

✦ 1 감탄사에 대한 설명으로 알맞은 말을 빈칸에 쓰세요.

(1) '야, 애'는 ☐☐을/를 나타내는 감탄사이다.

(2) 문장에서 감탄사가 없어도 문장의 ☐은/는 변하지 않는다.

(3) '응, 그래'는 상대의 말에 긍정하여 ☐☐할 때 쓰는 감탄사이다.

(4) 감탄사는 문장에서 말하는 사람의 ☐☐(이)나 부름, 대답 등을 나타낸다.

● 감정을 나타내는 감탄사

- **어머**, 갑자기 비가 오네.
  놀람을 나타냄

- **아이고**, 이를 어쩌면 좋아.
  탄식이나 놀람을 나타냄

- **아**! 시간이 너무 늦었구나.
  놀람이나 초조함을 나타냄

- **앗**, 여기도 비가 샌다.
  놀람을 나타냄

- **흥**, 실망이야.
  불쾌함을 나타냄

- **저런**, 참 안 됐구나.
  놀람이나 딱함을 나타냄

● 부름을 나타내는 감탄사

- **야**, 여기 좀 봐!
  어른이 아이를, 혹은 또래끼리 서로 부름

- **얘**, 나랑 같이 놀래?
  어른이 아이를, 혹은 같은 또래끼리 서로 부름

- **여보**, 같이 산책하러 나가요.
  부부 사이에 어른이 자기 또래의 사람을 혹은 서로를 부름

- **이봐**, 누굴 바보로 아는 거야?
  듣는 사람을 부름

- **여보게**, 문 좀 달아 주게.
  가까이 있는 사람을 부름

- **여보세요**? 거기 윤지네 집인가요?
  전화를 할 때 상대를 부름

● 대답을 나타내는 감탄사

- **응**, 그렇지.
  아랫사람이나 또래의 말에 긍정하여 대답함

- **그래**, 네 말대로 하자.
  긍정하는 뜻으로 대답함

- **네**, 알겠습니다.
  윗사람의 부탁이나 명령에 동의하여 대답함

- **아니요**, 저는 하지 않았습니다.
  윗사람이 묻는 말에 부정하여 대답함

 **더 보기**

'윤지야!'처럼 이름 뒤에 누군가를 부르는 조사인 '야'가 붙은 말은 감탄사가 아닙니다.

> 윤지야!
> 명사 ┘ └ 조사

더 보기

감탄사 뒤에 문장이 이어지면 반점(,)을 씁니다.

---

2 같은 종류의 감탄사가 쓰인 문장을 찾아 선으로 이으세요.

(1) 흥, 실망이야. • • ㉠ 그래, 네 말대로 하자.

(2) 네, 알겠습니다. • • ㉡ 앗, 여기도 비가 샌다.

(3) 얘, 나랑 같이 놀래? • • ㉢ 야, 여기 좀 봐.

3. 품사 (3)

• 06 관형사
• 07 부사
• 08 조사
• 09 감탄사

종합 **1** 다음 문장에 쓰인 품사가 <u>아닌</u> 것은 무엇인가요? (   )

> 어머, 저 강아지랑 고양이 진짜 예쁘다.

① 부사　　　　② 수사　　　　③ 조사
④ 감탄사　　　⑤ 관형사

관형사 **2** 다음 밑줄 친 관형사의 종류로 알맞은 것을 찾아 선으로 이으세요.

(1) <u>옛</u> 추억　　　　•　　　　• ㉠　성상 관형사

(2) <u>둘째</u> 주　　　　•　　　　• ㉡　지시 관형사

(3) <u>어느</u> 노래　　　•　　　　• ㉢　수 관형사

관형사, 부사 **3** 다음 중 관형사와 부사가 모두 쓰인 문장은 무엇인가요? (   )

① 책 세 권을 샀다.
② 아직 비가 안 온다.
③ 벌써 새 학기가 되었다.
④ 그 우산은 내 것이 아니다.
⑤ 강아지가 꼬리를 잘 흔든다.

조사 **4** 보기 에서 설명하는 조사가 쓰인 문장을 <u>두 가지</u> 고르세요. (,   )

> **보기**
> 앞에 오는 말에 특별한 의미를 더해 주는 조사

① 공원에서 달리기를 했다.
② 개하고 고양이가 만났다.
③ 교복을 입고 학교에 간다.
④ 너마저 나를 떠날 줄이야!
⑤ 준호는 나쁜 친구가 아니다.

감탄사

5 다음 밑줄 친 단어 중 품사가 <u>다른</u> 하나는 무엇인가요? (   )

① <u>앗</u>, 차가워라.

② <u>규호야</u>, 너 참 멋지다!

③ <u>응</u>, 나도 그렇게 생각해.

④ <u>어머나</u>, 벌써 꽃이 피었네.

⑤ <u>여보세요</u>? 거기 ○○병원인가요?

부사, 감탄사

6 ㉠~㉢에 대한 설명으로 알맞은 것에 모두 ○표 하세요.

> ㉠아! 맞다. ㉡얘, 민지야, 우리는 ㉢내일 만나자.

(1) ㉠은 문장에서 쓰일 때마다 형태가 변한다.　　　　　　　(　　　)

(2) ㉡은 다른 말들에 얽매이지 않고 독립적으로 쓰였다.　　(　　　)

(3) ㉢은 동사 '만나자'의 시간을 가리킨다.　　　　　　　　(　　　)

쓰기로 잡는 문법

7 빈칸에 들어갈 알맞은 조사의 종류에 ○표 하고, 빈칸에 알맞은 조사를 써서 문장을 완성하세요.

	조사의 종류	문장
(1)	격 조사, 접속 조사	이건 너　　　　　　나의 비밀이다.
(2)	보조사, 접속 조사	12월　　　　　　2월까지 겨울이라고 한다.
(3)	격 조사, 보조사	할머니　　　　　　주신 사탕이 참 맛있다.

3 품사

❶ 명사, 대명사, 수사 40~45쪽

- **명사**: 사람이나 사물 등의 이름을 나타내는 단어.
- **대명사**: 사람, 사물, 장소의 이름을 대신하여 나타내는 단어.
- **수사**: 사람이나 사물 등의 수량이나 ① ☐☐ 를 나타내는 단어.

대명사	수사	명사
우리	셋	친구

우리 셋 은 친구 이다.

❷ 동사, 형용사 48~51쪽

- ② ☐☐ : 사람이나 사물의 움직임이나 작용을 나타내는 단어.
- **형용사**: 사람이나 사물의 성질이나 상태를 나타내는 단어.

❸ **관형사, 부사** 54~57쪽

- **관형사**: 체언인 명사, 대명사, 수사 앞에서 체언을 꾸며 주어 문장에서 '어떠한'의 역할을 하는 단어.
- **부사**: 주로 용언인 동사와 ③ ☐☐☐ 를 꾸며 주어 문장에서 '어떻게'의 역할을 하는 단어.

❹ **조사, 감탄사** 58~61쪽

- **조사**: 앞에 오는 말에 붙어서 다른 말과의 문법적인 관계를 나타내거나 특별한 의미를 더해 주는 단어.
- **감탄사**: 말하는 사람의 ④ ☐☐ 이나 부름, 대답 등을 나타내는 단어.

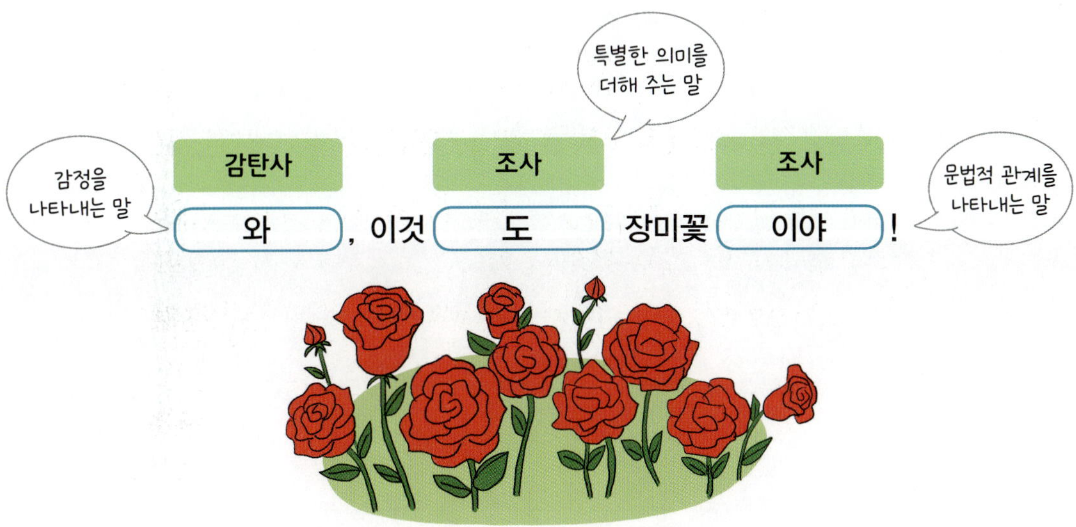

정답: ① 순서 ② 동사 ③ 형용사 ④ 감정

4 문장 성분

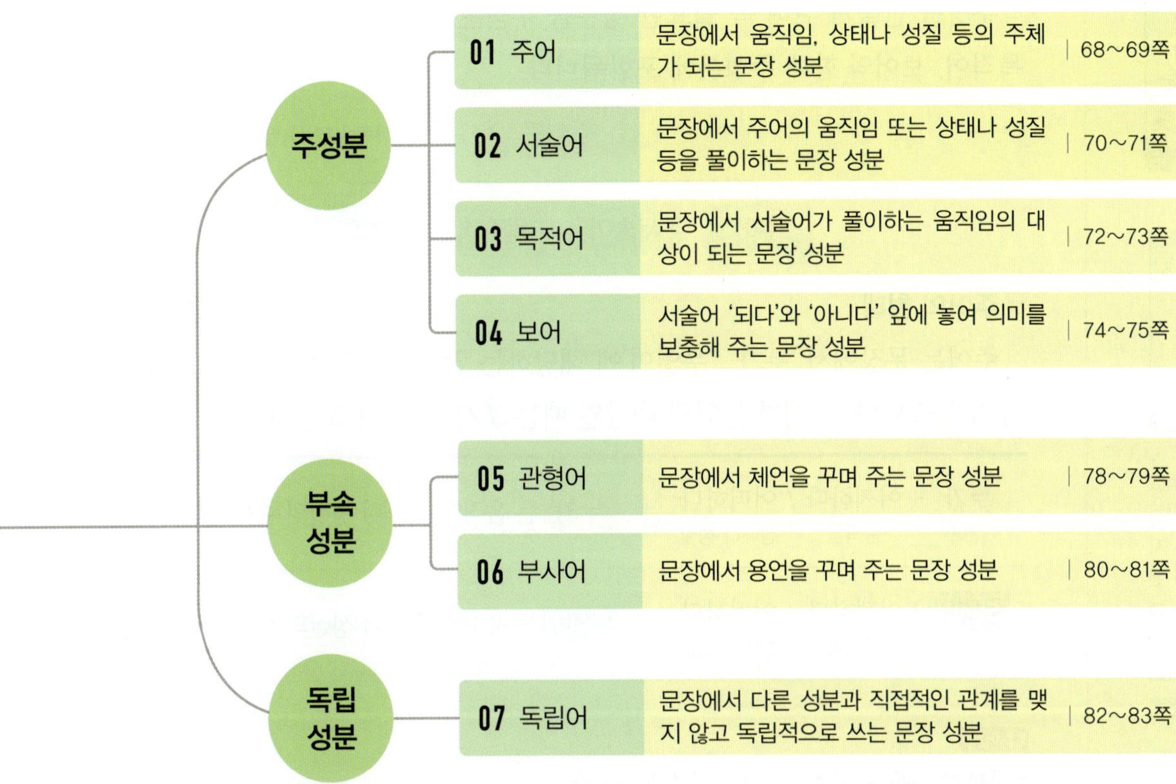

주성분
01 주어 문장에서 움직임, 상태나 성질 등의 주체가 되는 문장 성분 | 68~69쪽
02 서술어 문장에서 주어의 움직임 또는 상태나 성질 등을 풀이하는 문장 성분 | 70~71쪽
03 목적어 문장에서 서술어가 풀이하는 움직임의 대상이 되는 문장 성분 | 72~73쪽
04 보어 서술어 '되다'와 '아니다' 앞에 놓여 의미를 보충해 주는 문장 성분 | 74~75쪽
부속 성분
05 관형어 문장에서 체언을 꾸며 주는 문장 성분 | 78~79쪽
06 부사어 문장에서 용언을 꾸며 주는 문장 성분 | 80~81쪽
독립 성분
07 독립어 문장에서 다른 성분과 직접적인 관계를 맺지 않고 독립적으로 쓰는 문장 성분 | 82~83쪽

01 주어

A 여자아이가 '누가' 밥을 먹겠다는 것인지 정확하게 말하지 않았기 때문에 남자아이는 자신에게 하는 말이라고 오해를 했어요. '주어'는 문장을 이루는 데 꼭 필요한 성분이기는 하지만 경우에 따라 생략되기도 해요. 그러니 주어가 생략되면 상황과 문맥을 잘 살펴보아야 해요.

● 주어의 개념

"동생이 달린다."라는 문장에서 '동생'은 조사 '이'가 붙어서 달리는 동작의 **주체**가 됩니다. '동생이'와 같이 문장에서 움직임, 상태나 성질 등의 주체가 되는 **문장 성분**을 **주어**라고 합니다.

문장을 만들기 위해 꼭 필요한 성분을 **주성분**이라고 합니다. 주어는 서술어, 목적어, 보어와 함께 주성분에 포함됩니다.

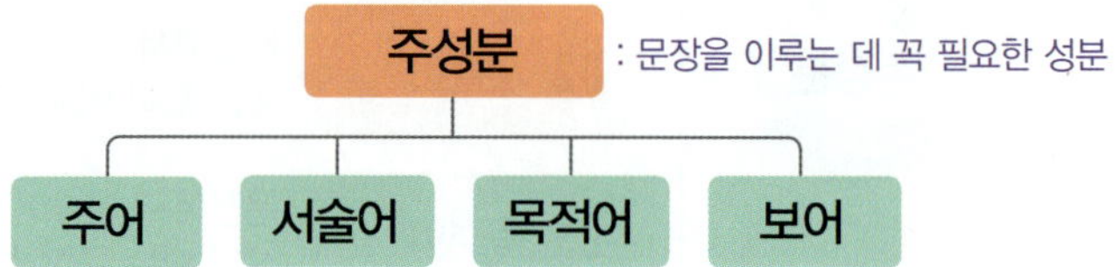

● 주어의 형태

주어는 문장에서 '누가', '무엇이'에 해당하는 말로, '누구'와 '무엇'에 조사 '이/가'가 붙습니다. 주어가 높임의 대상일 때는 조사 '께서'가 붙습니다.

누가 + 어찌하다 / 어떠하다 주어　　움직임　　상태나 성질	**누가** 는 움직임, 상태나 성질의 주체가 되는 사람
무엇이 + 어찌하다 / 어떠하다 주어　　움직임　　상태나 성질	**무엇이** 는 움직임, 상태나 성질의 주체가 되는 사물

➕ 어휘

+ **주체** 움직임이나 상태, 성질 등의 주가 되는 대상.
● **상태** 어떤 사물이 놓여 있는 모양이나 형편.
● **성질** 어떤 사물이 가지고 있는 다른 것과 구별되는 특징.
+ **문장 성분** 문장을 이루는 각 요소. 성분에는 주어, 서술어, 목적어, 보어, 관형어, 부사어, 독립어가 있다.

---

1 주어에 대한 설명이 맞으면 ○표, 틀리면 ✕표 하세요.

(1) 주어는 문장에서 '누가' 또는 '무엇이'에 해당한다. (　　　)

(2) 주어는 서술어, 목적어, 보어와 함께 '주성분'에 속한다. (　　　)

(3) 주어가 높임의 대상일 때에는 조사 '이/가'에 '께서'를 덧붙인다.

(　　　)

(4) 주어는 문장에서 움직임, 상태나 성질 등의 주체가 되는 문장 성분이다.

(　　　)

예시로 이해하는 문법 개념

● 주어

(1) 누가(누구+이/가, 께서)

주어(사람들+이) 어찌하다 • **사람들이** 뛰어간다. 　움직임 '뛰어간다'의 주체	주어(이웃들+이) 어떠하다 • **이웃들이** 친절하다. 　성질 '친절하다'의 주체
주어(동생+이)　어찌하다 • **동생이** 그네를 탄다. 　움직임 '탄다'의 주체	주어(누나+가) 어떠하다 • **누나가** 바쁘다. 　상태 '바쁘다'의 주체
주어(친구+가) 어찌하다 • **친구가** 왔다. 　움직임 '왔다'의 주체	주어(고양이+가)　어찌하다 • **고양이가** 우유를 먹는다. 　움직임 '먹는다'의 주체
주어(할머니+께서)　어떠하다 • **할머니께서** 아프시다. 　상태 '아프시다'의 주체	주어(선생님+께서)　어찌하다 • **선생님께서** 교실에 들어오셨다. 　움직임 '들어오셨다'의 주체

(2) 무엇이(무엇+이/가)

주어(달+이) 어떠하다 • **달이** 밝다. 　상태 '밝다'의 주체	주어(하늘+이) 어떠하다 • **하늘이** 파랗다. 　상태 '파랗다'의 주체
주어(나팔꽃+이)　어찌하다 • **나팔꽃이** 활짝 피었다. 　움직임 '피었다'의 주체	주어(건물+이) 어떠하다 • **건물이** 참 높다. 　성질 '높다'의 주체
주어(비행기+가)　어찌하다 • **비행기가** 높이 난다. 　움직임 '난다'의 주체	주어(기차+가)　어떠하다 • **기차가** 매우 빠르다. 　성질 '빠르다'의 주체

➕ 더 보기

주어에 붙는 조사 '이/가' 대신에 보조사 '은/는, 도, 만'이 붙기도 합니다. '은/는, 도, 만'은 주어에 특별한 의미를 더해 줍니다.

- 나는 학생이다.
  대조
- 나도 학생이다.
  더함
- 나만 학생이다.
  한정

➕ 더 보기

주어는 문장을 이루는 데 필요한 성분이지만, "도둑이야!", "불이야!"와 같이 문장에서 주어가 분명하지 않거나 없는 경우도 있습니다. 이처럼 상황에 따라 주어가 생략되기도 합니다.

---

2 밑줄 친 부분이 주어에 해당하는 것에 모두 ○표 하세요.

(1) <u>건물이</u> 참 높다. 　　　　　(　　　)

(2) <u>이웃들이</u> 친절하다. 　　　　(　　　)

(3) <u>기차가</u> 매우 빠르다. 　　　　(　　　)

(4) <u>선생님께서</u> 교실에 들어오셨다. 　(　　　)

02 서술어

Q '우리말은 끝까지 들어 봐야 안다.'라는 말이 서술어와 관련 있다고요?

A "나는 너를 좋아…… 하지 않아."와 같은 말장난을 치는 친구들이 있지요? 우리말은 서술어에서 문장의 뜻이 결정되는 경우가 많기 때문에 할 수 있는 장난이지요.

　서술어는 보통 문장의 뒷부분에 오기 때문에 문장을 끝까지 들어야 말하는 사람이 하고자 하는 말을 정확하게 파악할 수 있답니다.

● 서술어의 개념

　"나무가 크다."라는 문장에서 '크다'는 **주어** '나무가'의 성질이 어떠한지 풀이하는 말입니다. '크다'와 같이 문장에서 주어의 움직임 또는 상태나 성질 등을 풀이하는 문장 성분을 **서술어**라고 합니다. 서술어 역시 문장을 만드는 데 꼭 필요한 주성분입니다.

● 서술어의 형태

　서술어는 문장에서 '어찌하다', '어떠하다', '무엇이다'에 해당합니다. 움직임 또는 상태나 성질을 나타내는 말이 그 자체로 서술어가 되거나, **체언**에 조사 '이다'가 붙어 서술어가 되기도 합니다.

누가/무엇이 + **어찌하다** 주어　　　　서술어	**어찌하다** 는 동사로, 주어의 움직임을 풀이하는 서술어
누가/무엇이 + **어떠하다** 주어　　　　서술어	**어떠하다** 는 형용사로, 주어의 상태나 성질을 풀이하는 서술어
누가/무엇이 + **누구/무엇이다** 주어　　　　서술어	**누구/무엇이다** 는 주로 '체언＋이다'로, 주어가 '누구/무엇'임을 나타내는 서술어

➕ 어휘

＋ 주어 문장 성분의 하나로, 움직임, 상태나 성질 등의 주체가 되는 말.

＋ 체언 문장에서 주어 따위의 기능을 하는 명사, 대명사, 수사를 통틀어 이르는 말.

1 서술어에 대한 설명으로 알맞은 말을 빈칸에 쓰세요.

(1) ☐☐ 에 조사 '이다'가 붙어 서술어가 되기도 한다.

(2) 서술어는 문장을 만드는 데 꼭 필요한 ☐☐☐ (이)다.

(3) 문장에서 '어찌하다'는 주어의 ☐☐☐ 을/를 풀이하는 서술어이다.

(4) 문장에서 주어의 움직임 또는 상태나 성질 등을 풀이하는 문장 성분은 ☐☐☐ (이)다.

예시로 이해하는 문법 개념

● 서술어

(1) 어찌하다

주어 서술어
• 장미가 **피었다**.
주어 '장미가'의 움직임을 풀이

주어 서술어
• 주아가 상을 **받았다**.
주어 '주아가'의 움직임을 풀이

주어 서술어
• 새가 하늘을 **날아간다**.
주어 '새가'의 움직임을 풀이

주어 서술어
• 동생이 놀이터에 **갔다**.
주어 '동생이'의 움직임을 풀이

(2) 어떠하다

주어 서술어
• 강물이 **깊다**.
주어 '강물이'의 상태·성질을 풀이

주어 서술어
• 가방이 **가볍다**.
주어 '가방이'의 상태·성질을 풀이

주어 서술어
• 장미꽃이 매우 **빨갛다**.
주어 '장미꽃이'의 상태·성질을 풀이

주어 서술어
• 상우는 늘 **부지런하다**.
주어 '상우는'의 상태·성질을 풀이

(3) 누구/무엇이다

주어 서술어(학생+이다)
• 나는 **학생이다**.
주어 '나는'이 누구인지 풀이

주어 서술어(친구+이다)
• 지원이는 좋은 **친구이다**.
주어 '지원이는'이 누구인지 풀이

주어 서술어(동물+이다)
• 거미는 **동물이다**.
주어 '거미는'이 무엇인지 풀이

주어 서술어(학용품+이다)
• 연필은 **학용품이다**.
주어 '연필은'이 무엇인지 풀이

➕ 더 보기
서술어의 위치
　서술어는 보통 문장의 끝에 오지만, 서술어를 강조하고 싶을 때에는 위치를 바꾸기도 합니다.

이 사과, 맛있다!
주어 　서술어
↓
맛있다, 이 사과!
서술어 　주어

2 밑줄 친 서술어의 형태로 알맞은 것을 찾아 선으로 이으세요.

(1) 강물이 깊다.　•

(2) 나는 학생이다.　•

(3) 장미가 피었다.　•

(4) 피아노는 악기이다.　•

　•　㉠ 어찌하다

　•　㉡ 어떠하다

　•　㉢ 누구/무엇이다

03 목적어

Q '다리다'와 '달이다'가 헷갈릴 때는 목적어를 찾으라고요?

A '다리다'와 '달이다'가 헷갈릴 때는 목적어인 '무엇을'에 해당하는 말을 찾아보면 돼요. '다리는' 것의 목적어는 '옷과 같은 천 따위'가 되고, '달이는' 것의 대상은 '찌개, 국, 약 따위'가 돼요. 따라서 무엇을 다리거나 달이는지를 찾아보면 두 단어의 쓰임을 구분할 수 있답니다.

● 목적어의 개념

"동생이 빵을 먹는다."라는 문장에서 '빵을'은 동생이 먹는 것이 무엇인지 설명하는 말입니다. '빵을'과 같이 문장에서 서술어가 풀이하는 움직임의 대상이 되는 문장 성분을 **목적어**라고 합니다. 목적어 역시 문장을 만드는 데 꼭 필요한 주성분입니다.

● 목적어의 형태

목적어는 문장에서 '누구를', '무엇을'에 해당하는 말로, '누구'나 '무엇'에 조사 '을/를'이 붙습니다. 조사가 생략되고 체언으로만 나타나기도 합니다.

누가/무엇이 + **누구를** + 어찌하다 　주어　　　목적어　　　서술어	**누구를** 은 서술어가 풀이하는 움직임의 대상이 되는 사람
누가/무엇이 + **무엇을** + 어찌하다 　주어　　　목적어　　　서술어	**무엇을** 은 서술어가 풀이하는 움직임의 대상이 되는 물건
누가/무엇이 + **누구/무엇** + 어찌하다 　주어　　조사가 생략된 목적어　서술어	**누구/무엇** 은 서술어가 풀이하는 움직임의 대상이 되는 사람이나 물건

➕ 어휘

● **대상** 어떤 일의 상대 또는 목표나 목적이 되는 것.

● **생략되고** 전체에서 일부가 줄거나 빠지고.

---

1 목적어에 대한 설명이 맞으면 ○표, 틀리면 ✕표 하세요.

(1) 목적어는 문장을 만드는 데 꼭 필요하지 않다. 　　　(　　　)

(2) 문장에서 사람이 아닌 물건은 목적어가 될 수 없다. 　　　(　　　)

(3) 목적어는 조사가 생략되어 체언으로 나타나기도 한다. 　　　(　　　)

(4) 목적어는 문장에서 '누구', 무엇'에 조사 '을/를'이 붙어 만들어진다.
　　　(　　　)

(5) 문장에서 '누구를'은 서술어가 풀이하는 움직임의 대상이 되는 사람이다. 　　　(　　　)

예시로 이해하는 **문법 개념**

● 목적어

(1) 누구를(누구+을/를)

주어 ─ 목적어(동생+을) ─ 서술어
• 나는 **동생을** 만났다.
　서술어 '만났다'의 대상

주어　목적어(형+을) 서술어
• 강아지가 **형을** 기다린다.
　서술어 '기다린다'의 대상

주어　목적어(나+를) 서술어
• 할머니께서 **나를** 바라보셨다.
　서술어 '바라보셨다'의 대상

주어　목적어(우리+를)　서술어
• 선생님께서 **우리를** 사랑하신다.
　서술어 '사랑하신다'의 대상

(2) 무엇을(무엇+을/를)

주어 ─ 목적어(책+을) ─ 서술어
• 희수가 **책을** 읽는다.
　서술어 '읽는다'의 대상

주어 ─ 목적어(공+을) ─ 서술어
• 수민이가 **공을** 잡았다.
　서술어 '잡았다'의 대상

주어 ─ 목적어(주스+를) ─ 서술어
• 가원이는 **주스를** 마셨다.
　서술어 '마셨다'의 대상

주어 ─ 목적어(사과+를) ─ 서술어
• 아빠께서 **사과를** 깎으셨다.
　서술어 '깎으셨다'의 대상

(3) 누구/무엇(조사 생략)

주어　목적어 서술어
• 언니가 **빵** 사 왔어.
　서술어 '사 왔어'의 대상

주어 목적어　서술어
• 너 **수박** 먹고 싶니?
　서술어 '먹고 싶니'의 대상

주어　목적어　서술어
• 나는 **테니스** 좋아해.
　서술어 '좋아해'의 대상

주어　　목적어　서술어
• 우리 같이 **바나나** 먹을래?
　서술어 '먹을래'의 대상

➕ 더 보기

목적어의 위치

　목적어는 보통 서술어의 앞에 오지만, 목적어를 강조하고 싶을 때에는 위치를 바꾸기도 합니다.

> 내가 너를 좋아해!
> 주어 목적어 서술어
> ↓
> 너를 내가 좋아해!
> 목적어 주어 서술어

2 다음 중 보기 와 같은 형태의 목적어가 쓰인 문장을 모두 찾아 ○표 하세요.

> 보기
>
> 너 수박 좋아하니?

(1) 언니가 빵 사 왔어.　　　　　　　　　　(　　)

(2) 희수가 책을 읽는다.　　　　　　　　　　(　　)

(3) 가원이는 주스를 마셨다.　　　　　　　　(　　)

(4) 민지는 아직 밥 먹고 있다.　　　　　　　(　　)

04 보어

● 보어의 개념

"지수는 선생님이 되었다."라는 문장에서 '선생님이'는 지수가 무엇이 되었는지를 나타냅니다. 그리고 "선재는 영화배우가 아니다."라는 문장에서 '영화배우가'는 무엇이 아닌지를 나타냅니다. 이와 같이 서술어 '되다'와 '아니다' 앞에 놓여 의미를 보충해 주는 문장 성분을 **보어**라고 합니다.

보어는 주성분으로, 주어와 서술어만으로는 의미가 완전하지 못한 문장에서 서술어를 보충하여 의미를 완전하게 해 줍니다.

● 보어의 형태

보어는 체언에 조사 '이/가'가 붙은, '누가', '무엇이'와 같은 형태로 쓰입니다. 보어의 형태는 주어와 비슷하지만 보어는 '누가/무엇이＋누가/무엇이＋되다/아니다' 구조의 문장에서 서술어 '되다/아니다' 바로 앞에 있는 '누가/무엇이'에 해당합니다.

누가/무엇이 ＋ **누가/무엇이** ＋ 되다 주어　　　　　보어　　　서술어	**누가/무엇이** 는 '되다'의 의미를 보충
누가/무엇이 ＋ **누가/무엇이** ＋ 아니다 주어　　　　　보어　　　서술어	**누가/무엇이** 는 '아니다'의 의미를 보충

➕ 어휘

● **보충해** 부족한 것을 보태어 채워.
● **완전하지** 필요한 것이 모두 갖추어져 모자람이나 흠이 없지.

---

1 보어에 대한 설명으로 알맞은 말을 빈칸에 쓰세요.

(1) 보어는 문장에서 서술어 '되다'나 '아니다' ☐ 에 놓인다.

(2) 보어는 ☐☐☐ 의 의미를 보충해 주는 문장 성분이다.

(3) "나는 선생님이 되었다."라는 문장에서 보어는 '☐☐☐☐'이다.

(4) 보어는 체언에 ☐☐ '이/가'가 붙어 '누가', '무엇이'와 같은 형태로 쓰인다.

예시로 이해하는 **문법 개념**

● 보어

(1) 누가/무엇이＋되다

주어 ┐ 보어(사람＋이) 서술어
- 곰이 **사람이** 되었다.
  서술어 '되었다'의 의미를 보충

주어 ┐ 보어(어른＋이) ┐ 서술어
- 내가 **어른이** 되다니!
  서술어 '되다니'의 의미를 보충

주어 ┐ 보어(물＋이) ┐ 서술어
- 얼음이 **물이** 되었다.
  서술어 '되었다'의 의미를 보충

주어 ┐ 보어(야수＋가) ┐ 서술어
- 왕자가 **야수가** 되었다.
  서술어 '되었다'의 의미를 보충

주어 ┐ 보어(언니＋가) 서술어
- 나는 곧 **언니가** 된다.
  서술어 '된다'의 의미를 보충

주어 ┐ 보어(부자＋가) 서술어
- 큰아버지께서 **부자가** 되셨다.
  서술어 '되셨다'의 의미를 보충

(2) 누가/무엇이＋아니다

주어 ┐ 보어(학생＋이) ┐ 서술어
- 그는 **학생이** 아니다.
  서술어 '아니다'의 의미를 보충

주어 ┐ 보어(군인＋이) ┐ 서술어
- 형은 **군인이** 아니다.
  서술어 '아니다'의 의미를 보충

주어 ┐ 보어(물건＋이) ┐ 서술어
- 동물은 **물건이** 아니다.
  서술어 '아니다'의 의미를 보충

주어 ┐ 보어(회장＋이) ┐ 서술어
- 소은이는 **회장이** 아니다.
  서술어 '아니다'의 의미를 보충

주어 ┐ 보어(2＋가) ┐ 서술어
- 답은 **2가** 아니고 4이다.
  서술어 '아니고'의 의미를 보충

주어 ┐ 보어(사과＋가) ┐ 서술어
- 이것은 **사과가** 아니라 포도이다.
  서술어 '아니라'의 의미를 보충

주어 ┐ 보어(물고기＋가) ┐ 서술어
- 고래는 **물고기가** 아니다.
  서술어 '아니다'의 의미를 보충

주어 ┐ 보어(천재＋가) ┐ 서술어
- 아저씨는 **천재가** 아니란다.
  서술어 '아니란다'의 의미를 보충

 **더 보기**

문장에서 서술어 '되다/아니다' 앞에 오는 말이 모두 보어인 것은 아닙니다. "얼음이 물이 되었다."에서 '물이'는 '체언＋이'로 보어이지만, "얼음이 물로 되었다."에서 '물로'는 '체언＋로'로 부사어가 됩니다.

---

2 다음 문장에서 보어를 찾아 ○표 하세요.

(1) 형은 군인이 아니다.

(2) 나는 곧 언니가 된다.

(3) 고래는 물고기가 아니다.

(4) 큰아버지께서 부자가 되셨다.

4. 문장 성분 (1)

- 01 주어
- 02 서술어
- 03 목적어
- 04 보어

[주어]

1 밑줄 친 부분이 ㉠의 문장 성분과 같은 것은 무엇인가요? (   )

> ㉠오빠가 그림을 그려 주었다.

① 장미가 피었다.　　　　　　② 이것은 그림책이다.
③ 동생이 형을 기다린다.　　　④ 선생님께서 나를 부르셨다.
⑤ 아빠께서 사과를 깎으셨다.

[서술어]

2 다음 중 서술어의 형태가 **보기** 와 같이 쓰인 문장은 무엇인가요? (   )

> **보기**
> • '누가/무엇이 + 어떠하다' 구조의 문장에서 '어떠하다'에 해당합니다.
> • '어떠하다'는 형용사로, 주어의 상태나 성질을 풀이합니다.

① 새가 하늘을 난다.
② 밤하늘의 별이 밝다.
③ 기차가 철도 위를 달린다.
④ 호랑이와 사자는 육식 동물이다.
⑤ 도현이는 우유와 빵을 많이 먹었다.

[목적어]

3 다음 중 빈칸에 목적어가 들어가야 할 문장으로 알맞은 것은 무엇인가요? (   )

① 언니가 ＿＿＿＿＿.　　　　② ＿＿＿＿＿ 손을 들었다.
③ ＿＿＿＿＿ 빵을 먹었다.　　④ 동생은 ＿＿＿＿＿ 아니다.
⑤ 소영이가 ＿＿＿＿＿ 접었다.

[보어]

4 다음 문장에서 ㉠에 들어갈 문장 성분으로 알맞은 것은 무엇인가요? (   )

> 타고 남은 재가 다시 (㉠   ) 됩니다.

① 주어　　　　　② 보어　　　　　③ 목적어
④ 서술어　　　　⑤ 관형어

종합 **5** 보기 의 ㉠~㉣을 문장 성분에 알맞게 구분하여 기호를 쓰세요.

> 보기
>
> ㉠누나는 ㉡중학생이 되어 매일 ㉢교복을 ㉣입는다.

(1) 주어: (   )

(2) 서술어: (   )

(3) 목적어: (   )

(4) 보어: (   )

종합 **6** 밑줄 친 부분의 문장 성분이 나머지 하나와 다른 것은 무엇인가요? (   )

> 쥐들이 고양이에게 잡히지 않기 위해 ㉠고민했다. 그때 한 쥐가 "고양이의 목에 방울을 ㉡달아요!"라고 ㉢말했다. 모두가 좋은 생각이라며 ㉣좋아했다. 그러나 고양이에게 ㉤방울을 달겠다고 나서는 쥐는 아무도 없었다.

① ㉠   ② ㉡   ③ ㉢   ④ ㉣   ⑤ ㉤

쓰기로 연습하기

7 다음 문장에 필요한 문장 성분에 ○표 하고, 빈칸에 '도끼'가 들어간 말을 알맞게 써서 문장을 완성하세요.

	문장 성분	문장
(1)	주어, 목적어	네가 연못에 [　　　] 빠뜨렸느냐?
(2)	서술어, 보어	그 도끼는 제 [　　　] 아닙니다.
(3)	서술어, 목적어	맞습니다! 그 도끼가 제 [　　　].

05 관형어

Q 문장에서 빠져도 되는 말이 있다고요?

A "백설공주는 마녀의 사과를 먹고 깊은 잠에 빠졌다."라는 문장에서 '마녀의'는 사과가 누구의 것인지를 꾸며 주는 말이고, '깊은'는 잠이 어떠한지를 꾸며 주는 말이에요. 이 꾸며 주는 말들을 빼고 "백설공주는 사과를 먹고 잠에 빠졌다."라고만 표현해도 문장의 의미가 변하지 않지요. 이때 '마녀의'와 '깊은'을 부속 성분이라고 하고, 이 부속 성분은 문장에서 생략이 가능하답니다.

● **관형어의 개념**

"노란 나비가 파란 하늘을 난다."라는 문장에서 '노란'은 '나비'를 꾸며 주는 말이고, '파란'은 '하늘'을 꾸며 주는 말입니다. 이와 같이 문장에서 체언을 꾸며 주는 문장 성분을 **관형어**라고 합니다.

관형어는 부사어와 함께 문장에서 주로 주성분의 내용을 꾸며 뜻을 더해 주는 **부속 성분**이고, 생략해도 문장의 의미는 변하지 않습니다.

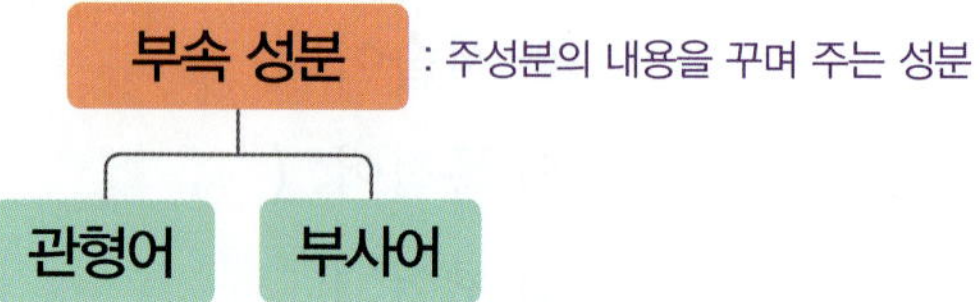

● **관형어의 형태**

관형어는 문장에서 '누구의', '무엇의'나 '어떤'에 해당하는 말입니다. 문장에서 관형사 그 자체이거나, 체언에 조사 '의'가 붙은 형태, 또는 **용언**의 **어간**에 관형사와 같은 역할을 하게 하는 **어미**가 붙은 형태로 나타납니다.

관형사	관형사 그 자체의 관형어
체언+관형격 조사	체언에 조사 '의'가 붙은 관형어
용언의 어간+관형사형 어미	용언의 어간에 관형사형 어미 '-는'(진행), '-(으)ㄹ'(예정), '-(으)ㄴ'(상태, 완료), '-던'(과거의 상태, 완료되지 않음), 등이 붙은 관형어

➕ 어휘

+ 용언 문장에서 서술어의 기능을 하는 동사, 형용사를 통틀어 이르는 말.

+ 어간 용언이 활용할 때 변하지 않는 부분.

+ 어미 용언이 활용할 때 어간에 붙어서 형태가 변하는 부분.

1 관형어에 대한 설명으로 알맞은 말에 ◯표 하세요.

(1) 관형사 그 자체로 관형어가 될 수 (있다, 없다).

(2) 문장에서 관형어는 '(누구를, 누구의)'에 해당한다.

(3) 관형어는 문장에서 (체언, 용언)을 꾸며 주는 문장 성분이다.

(4) 관형어는 체언에 조사 '(의, 은)'이/가 붙은 형태로 나타난다.

(5) '나의 형은 경찰이다.'라는 문장에서 '(나의, 형은)'는 관형어이다.

예시로 이해하는 **문법 개념**

● 관형어

(1) 관형사

관형사 체언
• 나는 **새** 옷을 입었다.
어떤 '옷'인지 꾸밈

관형사 체언
• **저** 사람이 내 친구이다.
어떤 '사람'인지 꾸밈

관형사 체언
• **한** 개만 주세요.
몇 '개'인지 꾸밈

관형사 체언
• 우리는 **여러** 나라를 여행했다.
어느 '나라'인지 꾸밈

(2) 체언+관형격 조사

체언+의 체언
• **현주의** 얼굴이 빨개졌다.
누구의 '얼굴'인지 꾸밈

체언+의 체언
• **마을의** 풍경이 아름답다.
무엇의 '풍경'인지 꾸밈

체언+의 체언
• **나의** 아버지는 요리를 잘하신다.
누구의 '아버지'인지 꾸밈

체언+의 체언
• 어머니는 **가족의** 미래를 고민하셨다.
누구의 '미래'인지 꾸밈

(3) 용언의 어간+관형사형 어미

어간 '먹-'+어미 '-는' 체언
• 김밥을 **먹는** 친구들이 많았다.
어떤 '친구들'인지 꾸밈(진행)

어간 '숨박꼭질하-'+어미 '-ㄹ' 체언
• **숨박꼭질할** 사람은 여기 붙어라.
어떤 '사람'인지 꾸밈(예정)

어간 '예쁘-'+어미 '-ㄴ' 체언
• 산에 **예쁜** 개나리가 피었다.
어떤 '개나리'인지 꾸밈(상태)

어간 '추-'+어미 '-던' 체언
• 윤재가 **추던** 춤이 멋있었다.
어떤 '춤'인지 꾸밈(과거의 상태)

➕ 더 보기

어미가 붙은 용언은 시간을 나타내기도 합니다.

• 어제 읽은 책 → 과거
　읽-+-(으)ㄴ
• 지금 읽는 책 → 현재
　읽-+-는
• 내일 읽을 책 → 미래
　읽-+-(으)ㄹ

---

2 다음 밑줄 친 말 중 관형사 자체로 관형어가 된 것의 기호를 쓰세요.

> ㉠ 나는 새 옷을 입었다.
> ㉡ 현주의 얼굴이 빨개졌다.
> ㉢ 산에 예쁜 개나리가 피었다.
> ㉣ 김밥을 먹는 친구들이 많았다.

(　　　　　　　)

06 부사어

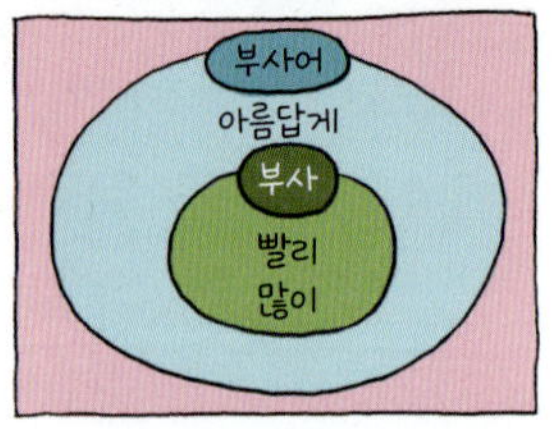

● 부사어의 개념

"바람이 세차게 불어서 날이 많이 춥다."라는 문장에서 '세차게'는 동사 '불어서'를, '많이'는 형용사 '춥다'를 꾸며 주는 말입니다. 이처럼 용언인 동사와 형용사를 꾸며 주는 문장 성분을 **부사어**라고 합니다.

부사어는 관형어와 함께 다른 문장 성분의 내용을 꾸며 뜻을 분명하게 하는 부속 성분입니다. 부사어는 용언뿐만 아니라 다른 부사어, 관형어, 문장 전체를 꾸며 주기도 합니다.

> 부사어 　용언　　　부사어 용언
> 바람이 **세차게** 불어서 날이 **많이** 춥다.
> '어떻게' 불었는지 꾸밈　　'얼마나' 추운지 꾸밈

● 부사어의 형태

부사어는 문장에서 '얼마나', '어떻게', '언제', '어디에' 등에 해당하는 말입니다. 부사어는 문장에서 **부사** 그 자체이거나 체언에 조사 '에, 에서' 등이 붙은 형태, 또는 용언에 부사어의 역할을 하게 하는 어미 '–게'가 붙은 형태로 나타납니다.

부사	부사 그 자체의 부사어
체언+부사격 조사	체언에 부사격 조사 '에', '에서', '(으)로', '와/과' 등이 합쳐진 부사어
용언의 부사형	용언의 어간에 부사형 어미 '–게', '–아서', '어서', '–도록' 등이 합쳐진 부사어

＋ 어휘

＋ **부사** 용언 또는 다른 말 앞에 놓여 그 뜻을 분명하게 하는 품사.

1 부사어에 대한 설명이 맞으면 ○표, 틀리면 ✕표 하세요.

(1) 부사어는 문장 전체를 꾸며 주기도 한다. 　　　　　(　　)

(2) 부사어는 체언을 꾸며 주는 문장 성분이다. 　　　　(　　)

(3) 부사어는 문장에서 '얼마나', '어떻게', '언제', '어디에' 등에 해당하는 말이다. 　　　　　　　　　　　　　　(　　)

(4) 부사어는 다른 문장 성분의 내용을 꾸며 뜻을 분명하게 하는 부속 성분이다. 　　　　　　　　　　　　　(　　)

예시로 이해하는 **문법 개념**

● **부사어**

(1) 부사

부사 　용언 • 새가 **높이** 날았다. 　‘어떻게’ 날았는지 꾸밈	부사 　용언 • 우리는 **일찍** 도착했다. 　‘언제’ 도착했는지 꾸밈
부사 　용언 • 나는 떡볶이를 **제일** 좋아한다. 　‘얼마나’ 좋아하는지 꾸밈	부사 　문장 전체 • **확실히** 오늘은 더운 날이다. 오늘이 ‘얼마나’ 더운 날인지 꾸밈

(2) 체언+부사격 조사

체언+에 　용언 • **아침에** 미역국을 먹었다. 　‘언제’ 먹었는지 꾸밈	체언+에서 　용언 • 우리는 **서점에서** 만났다. 　‘어디에서’ 만났는지 꾸밈
체언+로 　용언 • 위기를 **기회로** 삼아라. 　‘무엇으로’ 삼을지 꾸밈	체언+과 　용언 • 나는 **동생과** 성별이 다르다. 　‘누구와’ 다른지 꾸밈

(3) 용언의 부사형

용언 ‘깊-’+어미 ‘-게’ 　용언 • 보조개가 **깊게** 파였다. 　‘얼마나’ 파였는지 꾸밈	용언 ‘아름답-’+어미 ‘-게’ 　용언 • 장미꽃이 **아름답게** 피었다. 　‘어떻게’ 피었는지 꾸밈
용언 ‘달-’+어미 ‘-아서’ 　용언 • 옷에 방울을 **달아서** 장식했다. 　‘어떻게’ 장식했는지 꾸밈	용언 ‘자라-’+어미 ‘-도록’ 　용언 • 나무가 잘 **자라도록** 거름을 주었다. 　‘왜’ 주었는지 꾸밈

➕ 더 보기

부사어가 문장에서 홀로 쓰일 때도 있습니다. 다음 문장에서 동생이 한 말은 "나는 어제 축구장에 갔어."에서 주어와 서술어를 뺀 말이지만 의미가 통합니다.

> 형: 어제 어디 갔니?
> 동생: 축구장에.
> 　　체언+에

---

2 다음 문장에서 부사어를 찾아 밑줄을 그으세요.

(1) 　새가 높이 날았다.

(2) 　보조개가 깊게 파였다.

(3) 　우리는 서점에서 만났다.

(4) 　나는 동생과 성별이 다르다.

07 독립어

알쏭달쏭 Q&A

Q "철수, 너 뭐해?"라는 문장에서 '철수'는 주어인가요, 독립어인가요?

A 보통 사람이 문장의 주어인 경우가 많기 때문에 '철수'를 주어로 생각하기 쉬워요. 또한 '철수'와 '너'가 같은 인물이라서 헷갈릴 수 있지요.
　"철수, 동생은 뭐해?"에서 서술어 '뭐해'의 주어는 '동생은'이에요. '철수'는 부르는 말이므로 주어가 아니라 독립어랍니다.

● 독립어의 개념

　"우아, 달이 참 밝다!"라는 문장에서 '우아'를 빼고 "달이 참 밝다!"라고만 해도 전혀 어색하지 않습니다. 또한 '우아'는 다른 말들과 특별한 관계도 없습니다. 이와 같이 문장에서 다른 문장 성분과 직접적인 관계를 맺지 않고 독립적으로 쓰는 말을 **독립어**라고 합니다. 독립어는 주로 감탄, 부름, 응답 등을 나타냅니다.
　또한 독립어는 주성분이나 부속 성분과 관련이 없이 따로 떨어져 있는 **독립 성분**입니다.

> • **우아**, 달이 참 밝다! **소영아**, 같이 달 보러 갈래?
> 　감탄　　　　　　　　부름
> • **응**, 좋아. 같이 가자!
> 　응답

● 독립어의 형태

　독립어는 감탄사 그 자체이거나, 체언에 독립어의 역할을 하게 하는 조사가 붙은 형태로 나타납니다. 또한 따로 내세운 말인 **제시어**도 독립어입니다.

감탄사	감탄사 그 자체가 독립어로 쓰여, 문장에서 놀람이나 느낌, 부름, 응답 따위를 나타내는 말
체언, 체언+**호격 조사**	체언 자체가 호칭어(부르는 말)이거나 체언에 호격 조사 '아', '야', '(이)여' 등이 붙어서 호칭어로 쓰는 말
제시어	강조하기 위해 따로 내세운 말

➕ 어휘

● **독립적으로** 다른 것에 속하지 않게.

+ 호격 조사 문장 안에서, 체언이나 체언의 역할을 하는 말 뒤에 붙어 독립어 자격을 가지게 하는 격 조사.

---

1 독립어에 대한 설명으로 알맞은 말을 빈칸에 쓰세요.

(1) 감탄사는 그 자체가 □□□이/가 되기도 한다.

(2) "우아, 달이 참 밝다!"에서 '□□'은/는 독립어이다.

(3) □□에 조사 '아', '야', '여' 등이 붙어 독립어가 된다.

(4) 독립어는 주성분이나 부속 성분과 따로 떨어진 □□ 성분이다.

(5) □□□은/는 다른 문장 성분과 직접적인 관계를 맺지 않고 독립적으로 쓰인다.

예시로 이해하는 문법 개념

● 독립어

(1) 감탄사

감탄사
- **아이쿠**, 깜짝 놀랐네.
놀람을 나타냄

감탄사
- **우아**, 우리가 이겼다!
기쁨을 나타냄

감탄사
- **애**, 은행에 다녀올래?
부름을 나타냄

감탄사
- **야**, 같이 가자.
부름을 나타냄

감탄사
- **네**, 알겠습니다.
응답을 나타냄

감탄사
- **응**, 나도 보고 싶었어.
응답을 나타냄

(2) 체언, 체언＋호격 조사

체언＋아
- **서준아**, 너는 어디에 있니?
서준이를 부르는 말

체언(호칭어)
- **아버지**, 안녕히 주무셨어요.
자기를 낳아준 남자를 부르는 말

체언＋이시여
- **신이시여**, 비를 내려 주세요.
신을 정중하게 부르는 말

체언(호칭어)
- **할멈**, 여기에 둔 신문 보았소?
늙은 부부 사이에서 남편이 아내를 부르는 말

(3) 제시어

제시어
- **사랑**, 그 아름다움을 보라.
강조하기 위해 내세운 말

제시어
- **시간**, 우리에게 시간이 부족하다.
강조하기 위해 내세운 말

제시어
- **바다**, 듣기만 해도 시원한 말이야.
강조하기 위해 내세운 말

제시어
- **꿈**, 나도 꿈을 찾을래.
강조하기 위해 내세운 말

＋ 더 보기

독립어 뒤에는 주로 반점(,)이 쓰이고, 느낌을 강조할 때에는 느낌표(!)가 붙어서 다른 문장 성분과 쉽게 구분할 수 있습니다.

---

2 밑줄 친 독립어의 형태로 알맞은 것을 찾아 선으로 이으세요.

(1) <u>꿈</u>, 나도 꿈을 찾을래. •

(2) <u>아이쿠</u>, 깜짝 놀랐네. •

(3) <u>응</u>, 나도 보고 싶었어. •

(4) <u>서준아</u>, 너는 어디에 있니? •

• ㉠ 감탄사

• ㉡ 체언＋조사

• ㉢ 제시어

4. 문장 성분 (2)

관형어

1 다음 중 빈칸에 관형어가 들어갈 수 있는 문장은 무엇인가요? (   )

① 우리 누나는 　　　　.
② 형은 　　　　 마셨다.
③ 　　　　, 집중하세요!
④ 자동차가 　　　　 움직인다.
⑤ 동생이 　　　　 옷을 입고 있다.

부사어

2 다음 밑줄 친 부사어가 각각 어떤 말을 꾸미고 있는지 바르게 선으로 이으세요.

(1) 새가 <u>매우</u> 빨리 난다.　　•　　　　•　㉠　　용언

(2) 소녀는 <u>수줍게</u> 웃었다.　　•　　　　•　㉡　　부사어

(3) <u>과연</u> 그는 정직한 학생이구나.　•　　•　㉢　　문장 전체

관형어, 부사어

3 관형어와 부사어가 모두 쓰인 문장이 아닌 것은 무엇인가요? (   )

① 다행히 옛 친구를 만났다.
② 윤주의 얼굴이 붉게 물들었다.
③ 형주는 어려운 문제를 잘 푼다.
④ 나의 어머니는 나를 사랑하신다.
⑤ 노란 장미꽃으로 화려하게 장식했다.

독립어

4 다음 밑줄 친 단어 중 독립어가 아닌 것은 무엇인가요? (   )

① <u>아</u>, 참 좋다.
② <u>우아</u>, 굉장하다.
③ <u>자</u>, 이제 시작할까요?
④ <u>신이여</u>, 비를 내려 주세요.
⑤ <u>확실히</u> 이 빵은 부드럽고 고소하다.

종합 **5** 보기 의 ㉠~㉤ 중 다음 문장 성분에 해당하는 것을 찾아 기호를 쓰세요.

> 보기
>
> <u>어머나,</u> <u>춤추는</u> <u>소녀가</u> 정말 <u>귀엽네!</u>
> 　㉠　　　㉡　　　㉢　　㉣　　㉤

관형어	부사어	독립어
(1)	(2)	(3)

종합 **6** 다음 뜻에 알맞은 문장 성분을 글자판에서 찾아 ○표 하고, (　) 안에 쓰세요.

독	립	어	관
보	어	부	형
목	사	서	어
어	적	주	술

(1) 체언을 꾸며 주는 말　(　　　　　　　)
(2) 용언 등을 꾸며 주는 말　(　　　　　　　)
(3) 다른 성분과 직접적으로 관계를 맺지 않고 독립적
　　으로 쓰는 말　(　　　　　　　)

쓰기로 연습하기

7 다음 문장에 들어갈 수 있는 문장 성분에 ○표 하고, 빈칸에 들어갈 말을 알맞게 써서
문장을 완성하세요.

	문장 성분	문장
(1)	부사어, 독립어	새 옷을 [　　　　　] 입었다.
(2)	관형어, 독립어	[　　　　　], 저를 낳아 주셔서 감사합니다.
(3)	관형어, 부사어	빨간 꽃은 장미이고, [　　　　　] 꽃은 들국화이다.

4 문장 성분

❶ 주성분 68~75쪽

- **주성분**: 문장을 만들기 위해 꼭 필요한 성분.
- **주어**: 문장에서 움직임, 상태나 성질 등의 주체가 되는 문장 성분.
- **서술어**: 문장에서 주어의 움직임 또는 상태나 성질 등을 풀이하는 문장 성분.
- **목적어**: 문장에서 서술어가 풀이하는 움직임의 대상이 되는 문장 성분.
- **보어**: 서술어 '되다'와 '아니다' 앞에 놓여 서술어의 의미를 보충해 주는 문장 성분.

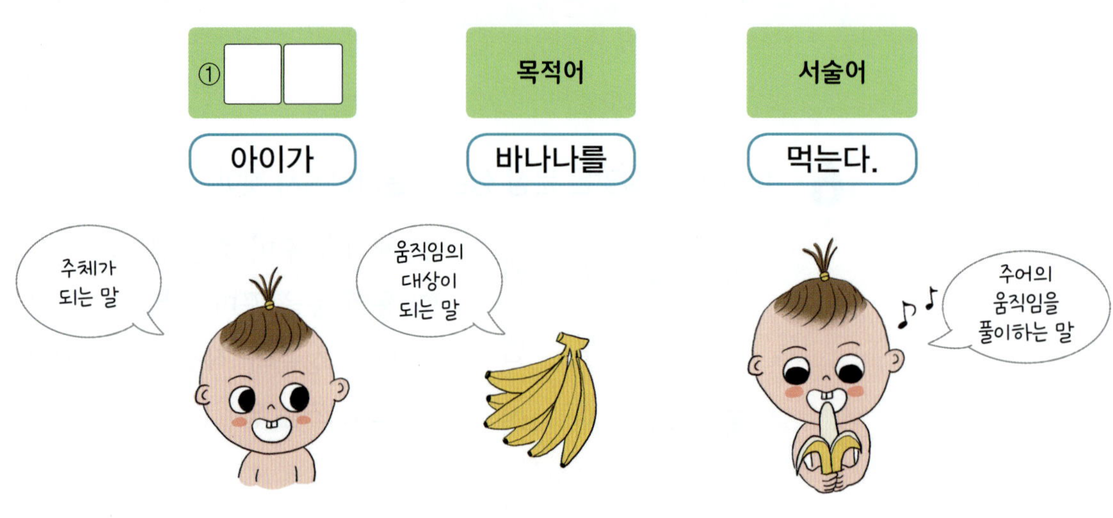

❷ 부속 성분 78~81쪽

- **부속 성분**: 주성분의 내용을 꾸며 주는 성분.
- **관형어**: 문장에서 체언을 꾸며 주는 문장 성분.
- ③ ☐☐☐ : 문장에서 주로 용언을 꾸며 주는 문장 성분.

관형어　　　부사어

나는 **매운** 떡볶이를 **많이** 먹었다.

❸ 독립 성분 82~83쪽

- **독립 성분**: 주성분이나 부속 성분과 관련이 없이 따로 떨어져 독립적으로 쓰는 문장 성분.
- **독립어**: 문장에서 다른 성분과 직접적인 관계를 맺지 않고 독립적으로 쓰는 문장 성분.

독립어

서준아, 이리 와.

정답: ① 주어　② 보어　③ 부사어

5

문장의 짜임

문장

| 01 홑문장 | 문장에서 주어와 서술어의 관계가 한 번만 나타나는 문장 | 90~91쪽 |

| 01 겹문장 | 문장에서 주어와 서술어의 관계가 두 번 이상 나타나는 문장 | 90~91쪽 |

| 02 이어진문장 | 둘 이상의 홑문장이 연결 어미로 이어진 문장 | 92~93쪽 |

| 03 안은문장과 안긴문장 | • 안은문장: 안긴문장을 포함하는 문장
• 안긴문장: 다른 문장 안에 들어가 하나의 문장 성분처럼 쓰이는 문장 | 94~95쪽 |

01 홑문장과 겹문장

Q 짧으면 홑문장, 길면 겹문장 일까요?

A 할머니께서 말씀하신 문장의 길이가 길어서 홑문장인지 겹문장인지 헷갈릴 수 있어요. 하지만 홑문장과 겹문장을 구분하는 기준은 문장의 길이가 아니라 '주어와 서술어의 관계가 몇 번 나타나는지'랍니다.

할머니께서 말씀하신 문장에는 주어('나리가')가 한 번, 서술어('먹으렴')가 한 번씩만 나타나기 때문에 홑문장인 것이지요.

● 홑문장의 개념

"동생이 노래한다."라는 문장에서 '동생이'는 주어이고 '노래한다'는 서술어입니다. 이와 같이 문장에서 주어와 서술어의 관계가 한 번만 나타나는 문장을 **홑문장**이라고 합니다.

문장의 길이가 길어도 주어와 서술어가 하나씩만 있으면 그 문장은 홑문장입니다.

> • 동생이 노래한다.
>   주어   서술어
>
> • 아, 나의 동생이 시끄럽게 노래한다.
>   독립어 관형어 주어   부사어   서술어

● 겹문장의 개념

"동생이 노래하고, 형이 춤춘다."라는 문장에서 '동생이'와 '형이'는 각각 주어이고 '노래하고'와 '춤춘다'는 각각 서술어입니다. 이와 같이 문장에서 주어와 서술어의 관계가 두 번 이상 나타나는 문장을 **겹문장**이라고 합니다.

앞 문장과 뒤 문장의 주어가 같을 때에는 보통 뒤 문장의 주어가 자연스럽게 생략되어 주어가 한 번만 나타나기도 합니다.

> • 동생이 노래하고, 형이 춤춘다.
>   주어1   서술어1   주어2 서술어2
>
> • 우리는 노래하고, (우리는) 춤춘다.
>   주어1   서술어2   주어2   서술어2

---

1 홑문장과 겹문장에 대한 설명이 맞으면 ○표, 틀리면 ×표 하세요.

(1) 문장의 길이가 길면 겹문장이다. ( )

(2) 겹문장은 항상 주어가 두 개 이상 있다. ( )

(3) 홑문장은 주어와 서술어의 관계가 한 번만 나타나는 문장이다. ( )

(4) 겹문장은 주어와 서술어의 관계가 두 번 이상 나타나는 문장이다. ( )

이어진문장 **5** 다음 중 보기 의 설명에 해당하는 이어진문장을 모두 골라 기호를 쓰세요.

> 보기
>
> 앞뒤 문장의 순서를 바꾸면 의미가 통하지 않거나 달라집니다.

> ㉠ 겨울이 되니 눈이 온다.
> ㉡ 날씨가 더워서 땀이 흐른다.
> ㉢ 밥을 많이 먹으니까 잠이 온다.
> ㉣ 나는 줄넘기는 잘하지만 훌라후프는 못한다.

(   )

안은문장과 안긴문장 **6** 다음 밑줄 친 부분에 대한 설명으로 알맞지 <u>않은</u> 것은 무엇인가요? (   )

> 나는 <u>눈이 오기를</u> 기다렸다.

① 주어와 서술어를 가진 절이다.
② '-기'가 붙어 명사처럼 쓰인다.
③ 문장 안에 들어간 안긴문장이다.
④ 문장에서 목적어의 역할을 한다.
⑤ 다른 사람의 말을 인용한 것이다.

쓰기로 잡는 문법

7 다음 두 홑문장을 이어 겹문장을 만들 때 어울리는 연결 어미에 ○표 하고, 빈칸에 알맞은 말을 써서 문장을 완성하세요.

> • 날씨가 추워졌다.   • 따뜻한 옷을 입었다.

연결 어미	문장
'-어서', '-지만'	날씨가 [ ] 따뜻한 옷을 입었다.

5 문장의 짜임

❶ 홀문장과 겹문장　90~91쪽

- **홀문장**: 문장에서 주어와 서술어의 관계가 한 번만 나타나는 문장.
- ① ☐☐☐ : 문장에서 주어와 서술어의 관계가 두 번 이상 나타나는 문장.

홀문장

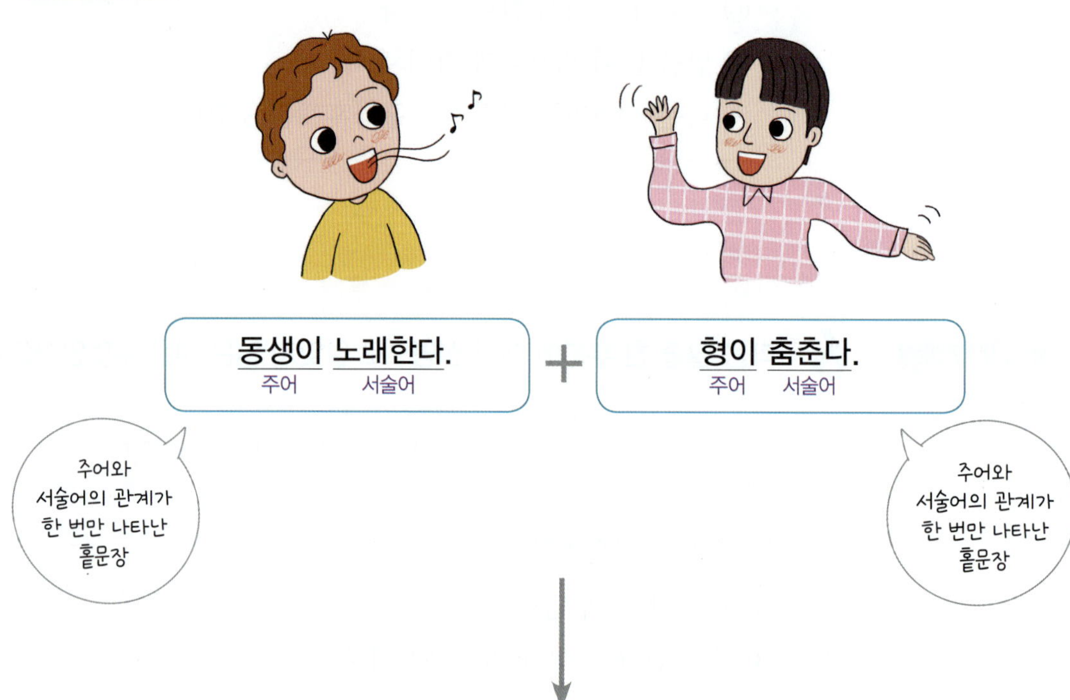

겹문장

 예시로 이해하는 **문법 개념**

● 종결 표현

(1) 평서문

만나-+-았-+-다	귀엽-+-네
• 공원에서 친구를 **만났다**.	• 고양이가 정말 **귀엽네**.
친구를 만났다는 사실을 전달	고양이가 귀엽다는 자신의 생각을 전달
고프-+-ㅂ니다	했-+-습니다
• 운동을 하고 나니 배가 **고픕니다**.	• 선생님께 인사를 **했습니다**.
배가 고프다는 사실을 전달	인사를 했다는 사실을 전달

(2) 의문문

하-+-였-+-니	오-+-ㅂ니까
• 지난 주말에 무엇을 **했니**?	• 밖에 비가 **옵니까**?
무엇을 했는지 질문하며 대답을 요구	비가 오냐고 질문하며 대답을 요구

(3) 명령문

씻-+-어라	마-+-시-+-ㅂ시오
• 손을 깨끗이 **씻어라**.	• 쓰레기를 버리지 **마십시오**.
손을 깨끗이 씻도록 시킴	쓰레기를 버리지 말 것을 요구함

(4) 청유문

그리-+-자	하-+-ㅂ시다
• 스케치북에 그림을 **그리자**.	• 도서관에서 조용히 **합시다**.
함께 그림을 그리자고 요청함	조용히 할 것을 요청함

(5) 감탄문

아름답-+-구나	맛있-+-군
• 와, 밤하늘이 정말 **아름답구나**!	• 음식이 참 **맛있군**.
밤하늘이 아름답다는 느낌을 나타냄	음식이 맛있다는 느낌을 나타냄

➕ 더 보기
종결 표현의 문장 부호
• 평서문: 온점(.)
• 의문문: 물음표(?)
• 감탄문: 느낌표(!)

3 다음 문장에 쓰인 종결 표현을 보고, 문장의 종류에 맞게 선으로 이으세요.

(1) 손을 깨끗이 씻어라. ・ ・ ㉠ 평서문

(2) 도서관에서 조용히 합시다. ・ ・ ㉡ 명령문

(3) 지난 주말에 무엇을 했니? ・ ・ ㉢ 의문문

(4) 선생님께 인사를 했습니다. ・ ・ ㉣ 청유문

05 피동 표현과 사동 표현

Q 같은 상황을 다르게 표현할 수 있는 까닭은 무엇인가요?

A 누구를 주어로 하는지에 따라 동작을 표현하는 방법이 달라지기 때문이에요. "어부가 오징어를 잡았다."라는 문장에서 주어는 '어부'이고, "오징어가 어부에게 잡혔다."라는 문장에서 주어는 '오징어'예요. 이때 주어가 남의 힘에 의해 동작을 당하면 '잡혔다'와 같은 피동 표현을 써요.

● 피동 표현의 개념

"새가 사냥꾼에게 잡히다."라는 문장은 '사냥꾼이 새를 잡다.'와 같은 상황을 나타낸 문장이지만, 주어인 '새가' 사냥꾼에게 잡힘을 당한 의미가 강조된 표현입니다. 이와 같이 주어가 자기 힘이 아닌 다른 힘에 의해 동작을 당하게 되는 것을 나타내는 표현을 **피동 표현**이라고 합니다.

● 피동 표현의 형태

- 동사 + **'-이-', '-히-', '-리-', '-기-'**
- 동사 / 형용사 + **'-어지다', '-게 되다'**

사냥꾼이 새를 잡다.

새가 사냥꾼에게 잡히다.

● 사동 표현의 개념

"엄마가 아이에게 밥을 먹이다."라는 문장은 '아이가 밥을 먹다.'와 같은 상황을 나타낸 문장이지만, 주어인 '엄마가' 아이에게 밥을 먹게 시킨 것이 강조된 표현입니다. 이와 같이 주어가 다른 대상에게 어떤 동작을 하도록 시키는 것을 나타내는 표현을 **사동 표현**이라고 합니다.

● 사동 표현의 형태

동사 / 형용사 + **'-이-', '-히-', '-리-', '-가-', '-우-', '-구-', '-추-', '-게 하다'**

아이가 밥을 먹다.

엄마가 아이에게 밥을 먹이다.

1 피동 표현과 사동 표현에 대한 설명으로 알맞은 말에 ○표 하세요.

(1) 사동 표현을 만드는 말은 ('-우-', '-어지다')이다.

(2) 피동 표현을 만드는 말은 ('-게 되다', '-게 하다')이다.

(3) 주어가 다른 힘에 의해 동작을 당하는 것을 나타내는 표현을 (피동, 사동) 표현이라고 한다.

(4) 주어가 다른 대상에게 어떤 동작을 하도록 시키는 것을 나타내는 표현을 (피동, 사동) 표현이라고 한다.

● **피동 표현**

쏘−+−이−+−다 • 동생이 벌에 **쏘이다**. 쏘는 동작을 당하는 것을 나타냄	밟−+−히−+−다 • 잔디가 아이들 발에 **밟히다**. 밟는 동작을 당하는 것을 나타냄
물−+−리−+−다 • 강아지에게 손가락을 **물리다**. 무는 동작을 당하는 것을 나타냄	안−+−기−+−다 • 아기가 엄마에게 **안기다**. 안는 동작을 당하는 것을 나타냄
찢−+−어지다 • 옷이 못에 걸려 **찢어지다**. 찢는 동작을 당하는 것을 나타냄	청소하−+−게 되다 • 내가 교실을 **청소하게 되다**. 청소하는 동작을 당하는 것을 나타냄

● **사동 표현**

먹−+−이−+−다 • 민수가 소에게 풀을 **먹이다**. 풀을 먹도록 시키는 것을 나타냄	입−+−히−+−다 • 내가 동생에게 옷을 **입히다**. 동생이 입도록 시키는 것을 나타냄
날−+−리−+−다 • 아이들이 신나게 종이비행기를 **날리다**. 종이비행기가 날도록 시키는 것을 나타냄	웃−+−기−+−다 • 배우가 관객을 **웃기다**. 관객이 웃도록 시키는 것을 나타냄
깨−+−우−+−다 • 아빠가 나를 잠에서 **깨우다**. 내가 깨도록 시키는 것을 나타냄	달−+−구−+−다 • 숯불로 철판을 **달구다**. 철판이 달도록 시키는 것을 나타냄
낮−+−추−+−다 • 엄마가 에어컨의 온도를 **낮추다**. 온도가 낮아지도록 시키는 것을 나타냄	기다리−+−게 하다 • 친구가 나를 밖에서 **기다리게 하다**. 내가 기다리도록 시키는 것을 나타냄

➕ 어휘

● **달도록** 타지 않는 단단한 물체가 열로 몹시 뜨거워지도록.

➕ 더 보기
잘못된 피동 표현
　'보여지다'와 '잊혀지다'는 모두 이중으로 피동 표현이 쓰인, 잘못된 표현입니다.

- 보여지다(보−+−이−+−어지다)
- 잊혀지다(잊−+−히−+−어지다)

　따라서 '보이다, 잊히다'로 쓰는 것이 바른 표현입니다.

---

2 밑줄 친 부분이 피동 표현이면 '피동', 사동 표현이면 '사동'이라고 쓰세요.

(1)　동생이 벌에 <u>쏘이다</u>.　　　　　　　　　(　　　　　)

(2)　아기가 엄마에게 <u>안기다</u>.　　　　　　　(　　　　　)

(3)　친구가 나를 밖에서 <u>기다리게 하다</u>.　　(　　　　　)

(4)　아이들이 신나게 종이비행기를 <u>날리다</u>.　(　　　　　)

06 문장의 호응

Q 윤지의 자기소개를 듣고 친구들이 당황한 까닭은 무엇인가요?

A 윤지의 자기소개에서 '음악과 그림 그리기'는 '음악 그리기와 그림 그리기'라는 뜻이 되어 어울리지 않고, '왜냐하면' 뒤에는 '때문이다'와 같은 말이 와야 하는데 '입니다'가 와서 어울리지 않는 말이 되었어요. 문장에서 짝꿍처럼 어울리는 말끼리 함께 쓰는 것을 '문장의 호응'이라고 해요. 문장의 호응이 맞지 않으면 전하려고 하는 뜻을 정확하게 전달하기 어려워요. 그러니 문장의 호응을 생각해서 문장을 쓰도록 해요.

● 문장 호응의 개념

"기분이 별로 좋다."라는 문장은 어색하게 느껴집니다. "기분이 별로 좋지 않다."와 같이 '별로' 뒤에는 부정을 뜻하는 말 '않다'가 오는 것이 어울리기 때문입니다. 이와 같이 문장에서 앞에 어떤 말이 오면 그 뒤에 어울리는 말이 따라오는 것을 **문장의 호응**이라고 합니다.

> 기분이 별로 <u>좋다</u>. (×) '별로'와 '좋다'는 의미가 어울리지 않음
>
> ↓
>
> 기분이 별로 <u>좋지 않다</u>. '별로'와 '않다'는 의미가 어울림

● 문장 성분 간 호응의 종류

정확하고 자연스러운 문장이 되려면 **문장 성분**이 서로 호응을 이루어야 합니다.

주어와 서술어의 호응	문장에서 주어와 서술어가 호응을 이루어야 함을 의미
목적어와 서술어의 호응	문장에서 목적어와 서술어가 호응을 이루어야 함을 의미
부사어와 서술어의 호응	문장에서 부사어와 서술어가 호응을 이루어야 함을 의미 예 '별로/전혀 ~ 없다/않다' 　　'왜냐하면 ~ 때문이다' 　　'마치 ~ 같다' 　　'아마 ~ -ㄹ 것이다'

➕ 어휘

● **호응** 앞에 어떤 말이 오면 거기에 맞추어 답하는 말이 따라옴.

＋ 문장 성분 문장을 이루는 데 일정한 역할을 하는 주어, 목적어, 서술어와 같은 것.

---

1 문장의 호응에 대한 설명이 맞으면 ○표, 틀리면 ×표 하세요.

(1) '마치'는 '않다'와 어울려 쓰인다. （　　）

(2) '왜냐하면'은 '때문이다'와 어울려 쓰인다. （　　）

(3) 주어와 서술어의 호응만 맞으면 자연스러운 문장이 된다. （　　）

(4) 문장에서 앞에 오는 말에 어울리는 말이 따라오는 것을 문장의 호응이라고 한다. （　　）

(5) 문장의 호응이 이루어지지 않으면 전하려고 하는 뜻을 정확하게 전달하기 어렵다. （　　）

예시로 이해하는 문법 개념

● 문장의 호응

(1) 주어와 서술어의 호응

- 비와 바람이 분다. (×) → 비가 내리고, 바람이 분다.
  '비'는 '분다'와 어울리지 않음
- 내 꿈은 무대에서 노래를 하고 싶다. (×) → 내 꿈은 무대에서 노래를 하는 것이다.
  '꿈은'과 '하고 싶다'는 어울리지 않음

(2) 목적어와 서술어의 호응

- 동생이 과자와 음료수를 마신다. (×) → 동생이 과자를 먹고, 음료수를 마신다.
  '과자'와 '마신다'는 어울리지 않음
- 나는 주말에 음악이나 책을 읽는다. (×) → 나는 주말에 음악을 듣거나 책을 읽는다.
  '음악'과 '읽는다'는 어울리지 않음

(3) 부사어와 서술어의 호응

- 나는 음식을 전혀 먹었다. (×) → 나는 음식을 전혀 먹지 않았다.
  '전혀'는 '없다/않다'와 어울림
- 왜냐하면 내일 소풍을 간다. (×) → 왜냐하면 내일 소풍을 가기 때문이다.
  '왜냐하면'은 '때문이다'와 어울림
- 이것은 마치 한 폭의 그림이다. (×) → 이것은 마치 한 폭의 그림 같다.
  '마치'는 '같다'와 어울림
- 아마 너는 나를 이기지 못했다. (×) → 아마 너는 나를 이기지 못할 것이다.
  '아마'는 '-ㄹ 것이다'와 어울림

 **더 보기**

문장의 호응을 위해서는 조사가 알맞게 쓰였는지도 살펴보아야 합니다.

> 우리는 도서관에게 갔다.
> → 에

'에게'는 사람이나 동물을 가리키는 명사와 호응하는 조사이므로 사물인 '도서관'과 어울리지 않습니다.

---

2 다음 문장이 호응을 이루도록 빈칸에 들어갈 알맞은 말에 ○표 하세요.

(1) 비가 (불고, 내리고) 바람이 분다.

(2) 나는 음식을 전혀 (먹었다, 먹지 않았다).

(3) 아마 너는 나를 이기지 (못했다, 못할 것이다).

(4) 동생이 과자를 (먹고, 마시고), 음료수를 마신다.

6. 문장 표현 (2)

- 04 종결 표현
- 05 피동 표현과 사동 표현
- 06 문장의 호응

종합

1 다음 문장 표현에 대한 설명이 맞으면 ○표, 틀리면 ✕표 하세요.

(1) 부사어 '전혀'는 서술어 '없다'나 '않다'와 어울려 쓰입니다. (   )

(2) 말하는 사람이 어떤 사실을 전달할 때에는 종결 표현 '-자'를 씁니다. (   )

(3) '옷이 못에 걸려 찢어지다.'는 다른 힘에 의해 동작을 당한 것이 강조된 표현이다.

(   )

종결 표현

2 다음 중 문장과 문장의 종류가 알맞게 짝 지어진 것은 무엇인가요? (   )

① 밥을 먹었습니다. – 평서문

② 큰 소리로 노래 불러라. – 청유문

③ 너는 백조를 본 적이 있니? – 감탄문

④ 가을 하늘이 정말 푸르구나! – 명령문

⑤ 우리 학교 교실에서 책을 읽자. – 의문문

피동 표현

3 다음 중 피동 표현이 쓰인 문장은 무엇인가요? (   )

① 엄마가 형에게 옷을 입히다.

② 잔디가 아이들 발에 밟히다.

③ 아빠가 동생을 잠에서 깨우다.

④ 친구가 에어컨의 온도를 낮추다.

⑤ 선생님께서는 우리가 서로를 바라보게 하셨다.

사동 표현

4 다음 중 밑줄 친 부분에 ㉠과 같은 표현이 쓰인 문장은 무엇인가요? (   )

> 경주에 있는 석빙고는 얼음을 저장하기 위해 만든 창고이다. 옛날에는 사람들이 얼음을 ㉠<u>얼리지</u> 못했기 때문에 겨울에 얼음을 가져와서 석빙고에 저장하였다가 여름에 사용하였다.

① 나뭇가지가 <u>꺾이다</u>.

② 강아지가 품에 <u>안기다</u>.

③ 친구가 나를 <u>웃게 하다</u>.

④ 아기 돼지들이 늑대에게 <u>쫓기다</u>.

⑤ 동생이 모기에게 발가락을 <u>물리다</u>.

문장의 호응

5 다음 문장이 어색한 까닭으로 알맞은 것에 ◯표 하세요.

> 동생은 기분이 좋아서 노래와 춤을 추었다.

(1) 주어와 서술어의 호응이 맞지 않기 때문이다.   (   )

(2) 부사어와 서술어의 호응이 맞지 않기 때문이다.   (   )

(3) 목적어와 서술어의 호응이 맞기 않기 때문이다.   (   )

문장의 호응

6 다음 중 문장을 알맞게 고쳐 쓴 것을 <u>두 가지</u> 고르세요. (,   )

① 비와 바람이 분다. → 비가 불고, 바람도 분다.

② 아마 동생은 자고 있다. → 아마 동생은 자고 있었다.

③ 나는 피망을 별로 좋아한다. → 나는 피망을 별로 좋아하지 않는다.

④ 잠든 아기의 얼굴이 마치 천사이다. → 잠든 아기의 얼굴이 마치 천사 때문이다.

⑤ 독수리와 사자가 초원을 달린다. → 독수리가 하늘을 날고, 사자가 초원을 달린다.

쓰기로 잡는 문법

7 보기 의 문장을 다음 문장의 종류에 맞게 쓰려고 합니다. 빈칸에 알맞은 말을 써서 문장을 완성하세요.

> **보기**
>
> 창문을 활짝 열다.

(1) **의문문**   창문을 활짝 [   ] ?

(2) **명령문**   창문을 활짝 [   ] .

(3) **청유문**   창문을 활짝 [   ] .

6 문장 표현

❶ 시간 표현 `102~103쪽`

• **시간 표현**: 어떤 사건이나 사실이 일어난 ① ☐ 을/를 나타내는 표현.

❷ 높임 표현 `104~105쪽`

• **높임 표현**: 말하는 사람이 어떤 대상에 대하여 높고 낮음을 나타내는 표현.

민지가 말을 한다.

선생님**께서** **말씀**을 **하신다**.

❸ 부정 표현 `106~107쪽`

• **부정 표현**: 문장에서 내용의 일부나 전체를 ② ☐☐ 하는 뜻을 나타내는 표현.

빵을 **안** 먹는다.

빵을 **못** 먹는다.

빵을 먹지 **마라**.

❹ 종결 표현 110~111쪽

- **종결 표현**: 문장을 끝맺는 말.

❺ 피동 표현과 사동 표현 112~113쪽

- ③⬚⬚ **표현**: 주어가 다른 힘에 의해 동작을 당하게 되는 것을 나타내는 표현.
- **사동 표현**: 주어가 다른 대상에게 어떤 동작을 하도록 시키는 것을 나타내는 표현.

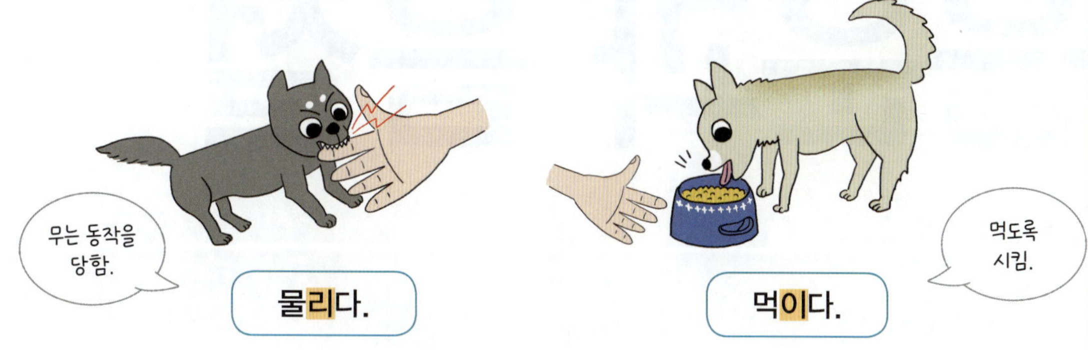

❻ 문장의 호응 114~115쪽

- **문장의** ④⬚⬚ : 문장에서 앞에 어떤 말이 오면 그 뒤에 어울리는 말이 따라오는 것.

정답: ① 때 ② 부정 ③ 피동 ④ 호응

7 음운과 음절

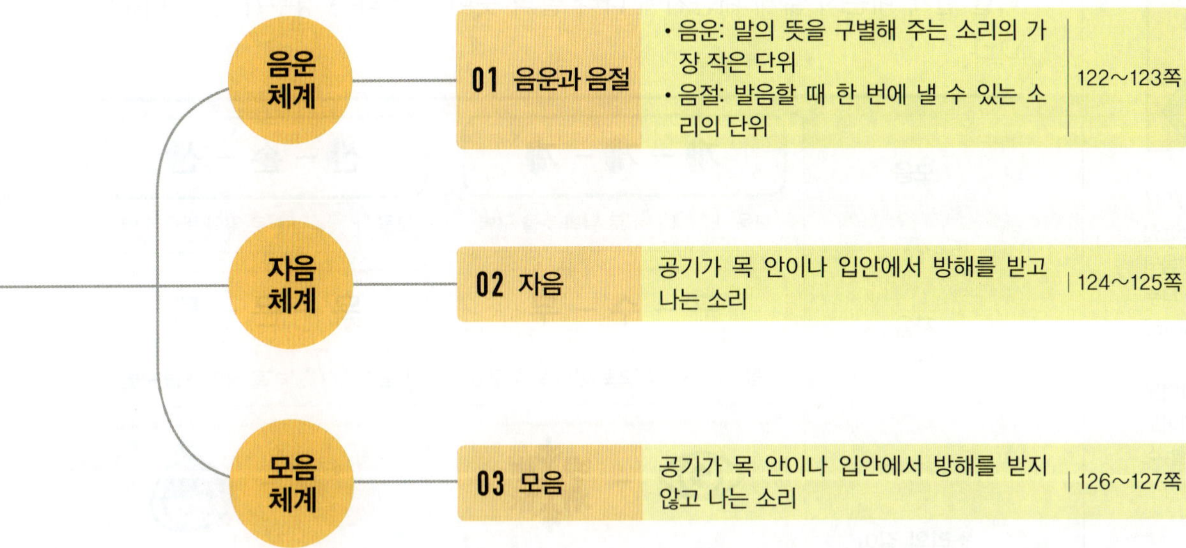

음운
체계

01 음운과 음절
• 음운: 말의 뜻을 구별해 주는 소리의 가장 작은 단위
• 음절: 발음할 때 한 번에 낼 수 있는 소리의 단위
122~123쪽

자음
체계

02 자음
공기가 목 안이나 입안에서 방해를 받고 나는 소리
124~125쪽

모음
체계

03 모음
공기가 목 안이나 입안에서 방해를 받지 않고 나는 소리
126~127쪽

01 음운과 음절

동영상 강의

A 우리는 'icecream'을 '아/이/스/크/림'이라고 읽으니 5음절로 생각하지만, 영어에서는 발음되는 모음의 수에 따라 음절을 나누기 때문에 '아이스/크림[ais'kri:m]'과 같이 2음절로 생각해요.

음절의 형태를 이루는 방법은 언어마다 달라서 같은 말이어도 서로의 발음을 알아듣지 못할 수도 있어요.

● 음운의 개념

'달'과 '발'이라는 단어는 첫소리인 'ㄷ'과 'ㅂ'만 다를 뿐인데 의미가 완전히 다릅니다. '발'과 '벌'이라는 단어 역시 가운뎃소리인 'ㅏ'와 'ㅓ'만 다를 뿐인데 의미가 완전히 다릅니다. 'ㄷ'과 'ㅂ', 'ㅏ'와 'ㅓ'처럼 말의 뜻을 구별해 주는 소리의 가장 작은 단위를 **음운**이라고 합니다.

● 음운의 종류

우리말의 음운에는 'ㅏ', 'ㅑ', 'ㅓ', 'ㅕ' 등과 같은 모음 21개와 'ㄱ', 'ㄴ', 'ㄷ', 'ㄹ' 등과 같은 자음 19개가 있습니다. 소리의 길이도 음운입니다. 발음할 때 소리를 길게 내는지 짧게 내는지에 따라 말의 뜻이 구별되는 경우가 있기 때문입니다.

모음	개 – 게 – 계 모음 'ㅐ', 'ㅔ', 'ㅖ'로 말의 뜻을 구별	산 – 손 – 신 모음 'ㅏ', 'ㅗ', 'ㅣ'로 말의 뜻을 구별
자음	구 – 수 – 무 자음 'ㄱ', 'ㅅ', 'ㅁ'으로 말의 뜻을 구별	묵 – 문 – 물 자음 'ㄱ', 'ㄴ', 'ㄹ'로 말의 뜻을 구별
소리의 길이	눈[눈] 눈[눈ː] 짧게 발음하여 말의 뜻을 구별 / 길게 발음하여 말의 뜻을 구별	밤[밤] 밤[밤ː] 짧게 발음하여 말의 뜻을 구별 / 길게 발음하여 말의 뜻을 구별

---

1 음운과 음절에 대한 설명으로 알맞은 말을 빈칸에 쓰세요.

(1) 자음과 모음 외에 소리의 ☐☐도 음운에 속한다.

(2) 음절이 만들어지려면 반드시 ☐☐이/가 있어야 한다.

(3) ☐☐은/는 말의 뜻을 구별해 주는 소리의 가장 작은 단위이다.

(4) 발음할 때 한 번에 낼 수 있는 소리의 단위를 ☐☐(이)라고 한다.

● **음절의 개념**

　'구름'이라는 단어는 '구'와 '름'으로 나누어 발음하므로 2음절입니다. '무지개'라는 단어는 '무', '지', '개'로 나누어 발음하므로 3음절입니다. '구', '름', '무', '지', '개'처럼 발음할 때 한 번에 낼 수 있는 소리의 단위를 **음절**이라고 합니다.

● **음절의 형태**

　모음은 혼자서도 음절이 될 수 있지만, 자음은 반드시 모음과 함께 있어야 음절이 될 수 있습니다. 음절에는 '모음', '자음＋모음', '모음＋자음', '자음＋모음＋자음'의 네 가지 형태가 있습니다.

모음	아 야 어 … 'ㅏ', 'ㅑ', 'ㅓ'를 홀로 한 번에 소리 냄.	오 요 우 … 'ㅗ', 'ㅛ', 'ㅜ'를 홀로 한 번에 소리 냄.
자음＋모음	소: ㅅ ＋ ㅗ 'ㅅ'에 'ㅗ'를 더해 한 번에 소리 냄.	자: ㅈ ＋ ㅏ 'ㅈ'에 'ㅏ'를 더해 한 번에 소리 냄.
모음＋자음	양: ㅑ ＋ ㅇ 'ㅑ'에 'ㅇ'을 더해 한 번에 소리 냄.	옥: ㅗ ＋ ㄱ 'ㅗ'에 'ㄱ'을 더해 한 번에 소리 냄.
자음＋모음＋자음	굴: ㄱ ＋ ㅜ ＋ ㄹ 'ㄱ'에 'ㅜ'와 'ㄹ'을 더해 한 번에 소리 냄.	산: ㅅ ＋ ㅏ ＋ ㄴ 'ㅅ'에 'ㅏ'와 'ㄴ'을 더해 한 번에 소리 냄.

⊕ 더 보기
음절의 구성
첫소리 — 달 — 가운뎃소리, 끝소리

⊕ 더 보기
음절의 개수와 모음의 개수
　음절이 만들어지려면 반드시 모음이 있어야 합니다. 한 음절에 모음은 한 개만 들어갈 수 있으므로, 음절의 개수는 모음의 개수와 같습니다.

⊕ 더 보기
　'ㅏ, ㅑ, ㅓ' 등의 모음은 혼자 있으면 글자의 모양이 갖추어지지 않아서 앞에 'ㅇ'을 붙여 씁니다. 이때 '아'와 'ㅏ'를 발음하면 소리가 똑같기 때문에 'ㅇ'은 소릿값이 없다고 여깁니다.

---

2 다음 짝 지어진 단어의 뜻을 구별해 주는 음운을 찾아 알맞게 선으로 이으세요.

(1)　　강 – 공　　　•　　　• ㉠　　자음

(2)　　벽 – 별　　　•　　　• ㉡　　모음

3 다음 단어는 어떤 음절의 형태로 이루어져 있는지 빈칸에 알맞은 말을 쓰세요.

　　산　　　　（　　　）＋（　　　）＋자음

02 자음

Q 감기에 걸렸을 때에는 어머니가 아닌 아버지를 부르라고요?

A 감기에 걸려 코가 막히면 코로 공기를 내보낼 수 없어서 비음 'ㄴ', 'ㅁ', 'ㅇ'을 발음하기 힘듭니다. 코를 막고 '어머니'를 발음해 보세요. '응응응'과 같은 소리만 나지요. 하지만 '아버지'는 코를 막아도 발음하기 쉬워요. '아버지'에는 비음이 없기 때문이에요.

● 자음의 개념

'ㅁ'을 [므]로, 'ㅂ'을 [브]로 읽어 보면 입술이 붙었다가 떨어지면서 소리 납니다. 이렇게 공기가 목 안이나 입안에서 방해를 받고 나는 소리를 **자음**이라고 합니다.

● 자음의 분류

자음은 소리 나는 위치, 소리 내는 방법, 소리의 세기에 따라 나눌 수 있습니다.

(1) 소리 나는 위치

자음은 홀로 소리 낼 수 없으므로 모음 'ㅡ'를 붙여 [므, 브, 쁘, 프]와 같이 소리 내요.

① 입술소리	두 입술이 붙었다가 떨어지면서 나는 소리	ㅁ, ㅂ, ㅃ, ㅍ
② 잇몸소리	혀끝이 윗잇몸에 닿으면서 나는 소리	ㄴ, ㄷ, ㄸ, ㅌ, ㄹ, ㅅ, ㅆ
③ 센입천장소리	혓바닥과 센입천장 사이에서 나는 소리	ㅈ, ㅉ, ㅊ
④ 여린입천장소리	혀의 뒷부분과 여린입천장 사이에서 나는 소리	ㄱ, ㄲ, ㅋ, ㅇ
⑤ 목청소리	목청 사이에서 나는 소리	ㅎ

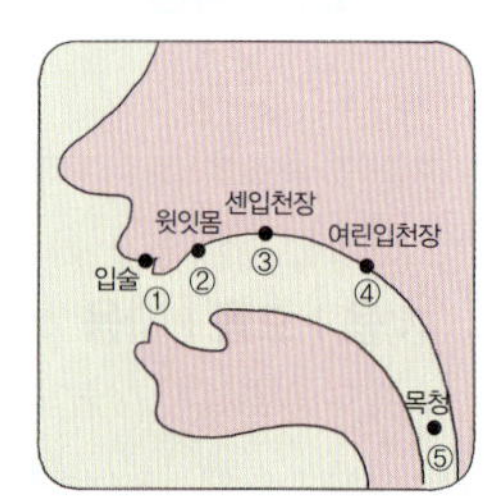

- **센입천장** 입천장 앞쪽의 단단한 부분.
- **여린입천장** 입천장 뒤쪽의 연한 부분.
- **목청** 목에서 소리를 내는 기관.

1 자음에 대한 설명이 맞으면 ○표, 틀리면 ✕표 하세요.

(1) 혀끝이 윗잇몸에 닿으면서 나는 소리는 입술소리이다. (　　　)

(2) 공기가 목 안이나 입안에서 방해를 받고 나는 소리를 자음이라고 한다. (　　　)

(3) 자음은 소리 내는 방법에 따라 예사소리, 된소리, 거센소리로 나눈다. (　　　)

(4) 'ㅈ, ㅉ, ㅊ'은 공기의 흐름을 막았다가 서서히 터뜨리면서 마찰을 일으켜 내는 소리이다. (　　　)

(2) 소리 내는 방법

파열음	공기의 흐름을 막았다가 터뜨리면서 내는 소리	ㄱ, ㄲ, ㅋ, ㄷ, ㄸ, ㅌ, ㅂ, ㅃ, ㅍ
마찰음	입안이나 목청 사이의 통로를 좁히고 그 틈 사이로 공기를 내보내어 마찰을 일으키면서 내는 소리	ㅅ, ㅆ, ㅎ
파찰음	공기의 흐름을 막았다가 서서히 터뜨리면서 마찰을 일으켜 내는 소리	ㅈ, ㅉ, ㅊ
비음	입안의 통로를 막고 코로 공기를 내보내면서 내는 소리	ㄴ, ㅁ, ㅇ
유음	혀끝을 잇몸에 가볍게 대었다 떼거나, 혀끝을 잇몸에 대고 그 양 옆으로 공기를 흘려 보내면서 내는 소리	ㄹ

(3) 소리의 세기

예사소리	목청에 힘이 덜 들어간 상태에서 자연스럽게 나오는 소리	ㄱ, ㄷ, ㅂ, ㅅ, ㅈ
된소리	목청이 긴장된 상태에서 나오는 소리	ㄲ, ㄸ, ㅃ, ㅆ, ㅉ
거센소리	입 밖으로 공기를 많이 내보내면서 거세게 나오는 소리	ㅋ, ㅌ, ㅍ, ㅊ

 **더 보기**

울림소리와 안울림소리

자음은 목청이 울리는지 울리지 않는지에 따라 울림소리와 안울림소리로 나누기도 합니다.

울림소리	비음, 유음
안울림소리	파열음, 마찰음, 파찰음

더 보기

소리의 세기에 따라 말이 주는 느낌도 다릅니다. 예사소리는 부드러운 느낌, 된소리는 강한 느낌, 거센소리는 거친 느낌을 줍니다.

예사소리	예 단단하다
된소리	예 딴딴하다
거센소리	예 탄탄하다

2 다음 자음을 소리 내는 방법에 알맞게 선으로 이으세요.

(1) ㄹ •　　　　　• ㉠ 파열음

(2) ㅅ, ㅆ, ㅎ •　　　　• ㉡ 마찰음

(3) ㄴ, ㅁ, ㅇ •　　　　• ㉢ 파찰음

(4) ㄱ, ㄲ, ㅋ •　　　　• ㉣ 비음

(5) ㅈ, ㅉ, ㅊ •　　　　• ㉤ 유음

03 모음

Q 빵은 누구의 것일까요?

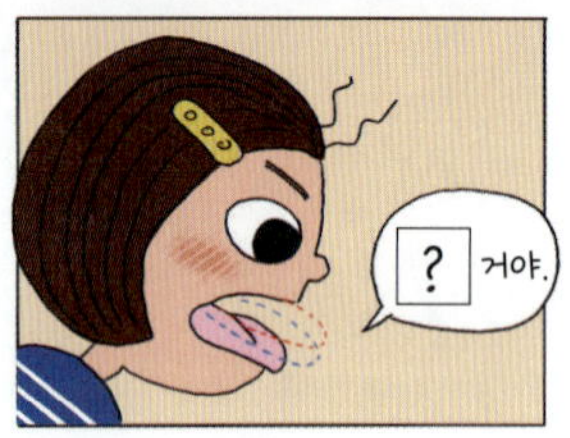

A 빵은 '내 것'일까요, '네 것'일까요? '내'와 '네'의 다른 점은 모음 'ㅐ'와 'ㅔ'이지요. 모음 'ㅐ'는 소리 낼 때 혀가 아래쪽에 오고, 모음 'ㅔ'는 혀가 중간쯤에 와요. 여자아이 혀가 아래쪽에 있으니 빵은 '내 것'인가 보군요.

● **모음의 개념**

'ㅏ'나 'ㅣ'를 소리 내어 읽으면 공기의 흐름이 계속 느껴집니다. 자음과 다르게 공기가 목 안이나 입안에서 방해를 받지 않고 나는 소리를 **모음**이라고 합니다.

● **모음의 분류**

모음은 소리를 낼 때 입술이나 혀가 움직이는지 움직이지 않는지에 따라 단모음과 이중 모음으로 나눕니다.

(1) 단모음

소리를 낼 때 입술이나 혀가 움직이지 않는 모음입니다. 혀의 최고점의 위치, 혀의 높이, 입술 모양에 따라 나눕니다.

> ㅏ, ㅐ, ㅓ, ㅔ, ㅗ, ㅚ, ㅜ, ㅟ, ㅡ, ㅣ　　→ 10개

① 혀의 최고점의 위치

+ 전설 모음	입천장의 중간 지점을 기준으로 혀의 최고점이 앞쪽에 있을 때 소리를 냄.	ㅣ, ㅔ, ㅐ, ㅟ, ㅚ
+ 후설 모음	입천장의 중간 지점을 기준으로 혀의 최고점이 뒤쪽에 있을 때 소리를 냄.	ㅡ, ㅓ, ㅏ, ㅜ, ㅗ

➕ 어휘

● **혀의 최고점** 혀의 가장 높은 부분.

+ 전설 앞쪽 혀.

+ 후설 뒤쪽 혀.

1 모음에 대한 설명으로 알맞은 말에 ◯표 하세요.

(1) (단모음, 이중 모음)은 소리를 낼 때 입술이나 혀가 움직이지 않는다.

(2) 'ㅣ'를 발음할 때에는 입을 조금 벌리고 혀의 위치를 (높여, 낮춰) 소리를 낸다.

(3) 공기가 목 안이나 입안에서 방해를 (받고, 받지 않고) 나는 소리를 모음이라고 한다.

(4) 단모음은 소리를 낼 때 입술의 모양에 따라 원순 모음과 (중순 모음, 평순 모음)으로 나눈다.

② 혀의 높이

고모음	입을 조금 벌리고 혀의 위치를 높여 소리 내는 모음	ㅣ, ㅟ, ㅡ, ㅜ
중모음	입을 보통으로 벌리고 혀의 위치를 중간으로 하여 소리 내는 모음	ㅔ, ㅚ, ㅓ, ㅗ
저모음	입을 크게 벌리고 혀의 위치를 낮춰 소리 내는 모음	ㅐ, ㅏ

③ 입술 모양

⁺원순 모음	입술을 둥글게 오므려 소리 내는 모음	ㅟ, ㅚ, ㅜ, ㅗ
⁺평순 모음	입술을 평평하게 하여 소리 내는 모음	ㅣ, ㅔ, ㅐ, ㅡ, ㅓ, ㅏ

(2) 이중 모음

소리를 낼 때 입술이나 혀가 움직이는 모음입니다. 두 개의 모음을 이어 소리 내는 것과 비슷해 이중 모음이라고 합니다.

> ㅑ, ㅒ, ㅕ, ㅖ, ㅘ, ㅙ, ㅛ, ㅝ, ㅞ, ㅠ, ㅢ　　　→ 11개

이중 모음 'ㅘ'를 발음할 때에는 모음 'ㅗ'와 'ㅏ'를 차례로 소리내는 것이 아니라, 짧은 순간 'ㅗ'를 소리 내려다가 'ㅏ' 소리를 내도록 입술과 혀가 움직여야 합니다.

➕ 어휘

＋ **원순** 발음할 때에 둥글게 오므리는 입술.

＋ **평순** 발음할 때에 둥글게 오므리지 않는 입술.

➕ 더 보기

혀의 위치가 높을수록 입이 작게 벌어지고, 혀의 위치가 낮을수록 입이 크게 벌어집니다. 고모음 'ㅡ'와 저모음 'ㅏ'를 발음해 보면 혀의 위치와 입이 벌어진 정도의 차이를 확실히 느낄 수 있습니다.

➕ 더 보기

양성 모음과 음성 모음

모음은 소리의 밝기와 느낌에 따라 양성 모음과 음성 모음으로도 나눌 수 있습니다.

양성 모음	ㅏ, ㅑ, ㅗ, ㅛ, ㅐ, ㅒ, ㅘ, ㅚ, ㅙ
음성 모음	ㅓ, ㅕ, ㅜ, ㅠ, ㅔ, ㅖ, ㅝ, ㅟ, ㅞ, ㅡ, ㅢ

양성 모음이 쓰인 '반짝반짝'은 밝고 가벼운 느낌, 음성 모음이 쓰인 '번쩍번쩍'은 어둡고 무거운 느낌을 줍니다.

---

2 다음과 같이 단모음을 분류한 기준을 찾아 알맞게 선으로 이으세요.

(1) 　전설 모음 – 후설 모음　　　•　　　• ㉠　　입술 모양

(2) 　원순 모음 – 평순 모음　　　•　　　• ㉡　　혀의 높이

(3) 　고모음 – 중모음 – 저모음　•　　　• ㉢　　혀의 최고점의 위치

음운과 음절

1 다음 단어에서 음운과 음절은 각각 몇 개인지 숫자로 쓰세요.

(1) 손 — 음운: (　　　)개,　음절: (　　　)개

(2) 신발 — 음운: (　　　)개,　음절: (　　　)개

음운

2 다음 두 단어의 뜻을 구별해 주는 음운을 <u>두 가지</u> 고르세요. (　　　,　　　)

> 고리 – 소리

① ㄱ　　　② ㄹ　　　③ ㅅ　　　④ ㅗ　　　⑤ ㅣ

음절

3 음절이 '모음+자음'의 형태로 이루어진 것은 무엇인가요? (　　　)

① 가　　　② 오　　　③ 눈　　　④ 열　　　⑤ 흙

자음

4 다음 보기 의 내용에 모두 해당하는 자음만 쓰인 단어는 무엇인가요? (　　　)

> **보기**
> • 두 입술이 붙었다 떨어지면서 나는 소리
> • 목청에 힘이 덜 들어간 상태에서 자연스럽게 나오는 소리

① 밥　　　② 나비　　　③ 라면　　　④ 타조　　　⑤ 코끼리

- **단어 끝 또는 자음 앞에서 홑받침 'ㄱ, ㄴ, ㄷ, ㄹ, ㅁ, ㅂ, ㅇ'**: 원래 소리대로 발음하고, 그 외의 홑받침이나 쌍받침은 [ㄱ, ㄷ, ② ⬜]으로 바꾸어 발음.
- **홑받침이나 쌍받침이 모음으로 시작된 조사나 어미와 만날 때**: 원래 소리대로 뒷말의 첫소리로 옮겨 발음.

ㄱ, ㄲ, ㅋ → [ㄱ]

박[박]   밖[박]

ㄷ, ㅌ, ㅅ, ㅆ, ㅈ, ㅊ → [ㄷ]

낮[낟]   낫[낟]

- **앞 자음으로 발음하는 경우**: 겹받침 'ㄳ, ㄵ, ㄼ, ㄽ, ㄾ, ㅄ'은 단어 끝 또는 자음 앞에서 각각 [ㄱ, ㄴ, ㄹ, ㅂ]으로 발음.
- **③ ⬜ 자음으로 발음하는 경우**: 겹받침 'ㄺ, ㄻ, ㄿ'은 단어 끝 또는 자음 앞에서 각각 [ㄱ, ㅁ, ㅂ]으로 발음.
- **두 자음 모두 발음하는 경우**: 모음으로 시작된 조사나 어미 등의 앞에서는 겹받침의 뒤 자음을 뒷말의 첫소리로 옮겨 발음. 'ㅅ'은 [ㅆ]으로 발음.

앞 자음을 발음	뒤 자음을 발음	두 자음 모두 발음
값[갑]	앎[암]	앉+아=[안자]

정답: ① 의 ② ㅂ ③ 뒤

초등부터 시작하는 **핵심 문법 학습서**

초등 국어

문법

5·6학년

정답과 해설

동아출판

1 단어

01 유의어와 반의어 12~13 쪽

1 (1) 의미 (2) 반의어
2 기르던
3 (1) ㉡ (2) ㉠ (3) ㉢ (4) ㉣

1 답 (1) 의미 (2) 반의어

(1) 유의어는 의미가 서로 비슷한 단어를 말합니다.
(2) 반의어는 공통점이 있으면서, 의미가 서로 반대인 단어입니다.

2 답 기르던

'식물을 보살펴 자라게 하다.'와 의미가 비슷한 단어를 찾습니다. (1) '높이던'은 '아래에서 위까지의 길이를 길게 하던.'이라는 뜻이고, (2) '키우던'은 '동식물을 돌보아 기르던.'이라는 뜻이므로, "마당에서 키우던 식물이 열매를 맺었다."라는 문장에 쓰인 '키우던'과 의미가 서로 비슷한 단어는 '기르던'입니다.

3 답 (1) ㉡ (2) ㉠ (3) ㉢ (4) ㉣

무엇을 벗는지에 따라 '벗다'의 반의어가 달라집니다. 바꾸어 썼을 때 의미가 통하는 말을 찾습니다.
(1) '옷을 몸에 꿰거나 두르다.'라는 뜻의 '입다'가 반의어로 알맞습니다.
(2) '무엇에 걸려 있도록 꿰거나 꽂다.'라는 뜻의 '끼다'가 반의어로 알맞습니다.
(3) '신, 버선, 양말 따위를 발에 꿰다.'라는 뜻의 '신다'가 반의어로 알맞습니다.
(4) '모자 따위를 머리에 얹어 덮다.'라는 뜻의 '쓰다'가 반의어로 알맞습니다.

유의어인 단어들은 기본적인 의미는 같지만, 그 기본 의미에서 연상되는 다른 의미는 조금씩 차이가 있는 경우가 많아요. 유의 관계에 있는 단어를 많이 알아 두면 어휘력이 풍부해져요.
또, 반의어인 단어들은 하나의 의미 요소만 다르고 나머지 의미 요소들은 모두 공통적이라는 점에 주의해야 해요. 반의어 중에는 하나의 단어에 여러 개의 단어가 대립하는 경우도 있으므로 상황과 대상에 알맞게 사용해야 해요.

02 상의어와 하의어 14~15 쪽

1 (1) ○ (2) × (3) × (4) ○ (5) ○
2 (1) ④ (2) ① (3) ① (4) ④

1 답 (1) ○ (2) × (3) × (4) ○ (5) ○

(1) '동물'은 '개, 고양이'를 포함하는 단어이므로 '개, 고양이'의 상의어입니다.
(2) 하의어는 다른 단어를 포함하는 단어가 아니라 다른 단어에 포함되는 단어입니다.
(3) 상의어는 다른 단어에 포함되는 단어가 아니라 다른 단어를 포함하는 단어입니다.
(4) 상의어는 일반적이고 공통적인 의미를, 하의어는 개별적이고 구체적인 의미를 지닙니다.
(5) 무엇과 비교하는지에 따라 상의어가 되기도 하고 하의어가 되기도 합니다. 예를 들어 '개'는 '동물'의 하의어이면서 동시에 '진돗개, 푸들, 치와와'의 상의어입니다.

2 답 (1) ④ (2) ① (3) ① (4) ④

(1) '시, 소설, 수필'은 '문학'에 포함되는 단어이지만, '예술'은 '문학'에 포함되는 단어가 아닙니다. '예술'은 '문학'의 상의어입니다.
(2) '관악기, 타악기, 현악기'는 '악기'에 포함되는 단어이지만, '음악'은 '악기'에 포함되는 단어가 아닙니다. '음악'는 '예술'의 하의어입니다.
(3) '가을, 겨울, 여름'은 '계절'에 포함되는 단어이지만, '눈'은 '계절'에 포함되는 단어가 아닙니다. '눈'은 기상 현상을 나타내는 단어입니다.
(4) '귤, 사과, 포도'는 '과일'에 포함되는 단어이지만, '시금치'는 '과일'에 포함되는 단어가 아닙니다. '시금치'의 상의어는 '채소'입니다.

상의어는 다른 단어를 포함하는 단어(포함하는 말)이고, 하의어는 다른 단어에 포함되는 단어(포함되는 말)인데, 이 개념을 헷갈리지 않도록 주의해야 해요.
또, 상의어와 하의어는 상대적인 개념이에요. '동물'이 '개, 고양이, 토끼, 호랑이'의 상의어이지만 동시에 '생물'의 하의어인 것처럼, 하나의 단어가 항상 상의어이거나 하의어인 것이 아니라 비교하는 대상에 따라 달라진다는 점을 잘 알아 두어야 해요.

03 동음이의어와 다의어　16~17쪽

1 (1) 동음이의어　(2) 다른　(3) 두 가지
　(4) 중심 의미　(5) 동음이의어
2 (1) 동　(2) 다　(3) 다　(4) 동

실력 확인하기　18~19쪽

1 (1) 있다　(2) 없으면　(3) 다르고　(4) 중심
2 ③　**3** ⑤　**4** ③　**5** ②　**6** ⑤
7 (1) 손을　(2) 단서를　(3) 중심을

---

1 답 (1) 동음이의어　(2) 다른　(3) 두 가지
　(4) 중심 의미　(5) 동음이의어

(1) 사전에 동음이의어는 각각 다른 단어로, 다의어는 하나의 단어로 실립니다.
(2) 동음이의어는 소리는 같지만, 의미가 전혀 다른 단어입니다.
(3) 다의어는 두 가지 의상의 의미를 가지고 그 의미가 서로 관련이 있는 단어입니다.
(4) '눈'은 다의어로, '사람이나 동물의 얼굴에 있는, 물체를 보는 감각 기관.'이 중심 의미입니다.
(5) 먹는 '배'와 몸의 '배'는 소리는 같지만 의미가 전혀 다르므로 동음이의어입니다.

2 답 (1) 동　(2) 다　(3) 다　(4) 동

(1)의 '배'와 (4)의 '싸다'는 의미가 서로 관련이 없고, (2)의 '머리'와 (3)의 '서다'는 의미가 서로 관련이 있습니다.
(1) 앞의 '배'는 '사람이나 짐을 싣고 물 위로 떠다니도록 만든 물건.'이라는 뜻이고, 뒤의 '배'는 '배나무의 열매.'라는 뜻입니다.
(2) 앞의 '머리'가 중심 의미이고, 뒤의 '머리'가 주변 의미입니다.
(3) 앞의 '서다'가 중심 의미이고, 뒤의 '서다'가 주변 의미입니다.
(4) 앞의 '싸다'는 '물건값이나 비용이 보통보다 낮다.'라는 뜻이고, 뒤의 '싸다'는 '물건을 안에 넣고 보이지 않게 씌우다.'라는 뜻입니다.

이렇게 설명해 주세요

동음이의어와 다의어를 구별하려면 각각의 의미들 사이에 비슷한 점이 있는지 없는지를 따져 봐야 해요. 동음이의어는 각 의미들 사이에 유사점이 없지만, 다의어는 서로 유사점이 있어서 중심 의미를 갖는 단어와 주변 의미를 갖는 단어로 나뉘죠.
또한, 동음이의어는 사전에 실릴 때 각각의 단어로 실리지만, 다의어는 '하나의 단어가 지니는 다양한 의미'를 가지고 있으므로 사전에 하나의 단어로 실려요.

---

1 답 (1) 있다　(2) 없으면　(3) 다르고　(4) 중심

(1) 무엇과 비교하는지에 따라 상의어가 되기도 하고 하의어가 되기도 합니다.
(2) 단어의 의미가 서로 관련이 없으면 동음이의어이고, 관련이 있으면 다의어입니다.
(3) 유의어는 소리가 다르지만 의미가 서로 비슷한 단어를 말합니다.
(4) 다의어에서 가장 기본적이고 핵심적인 의미를 중심 의미라고 하고, 중심 의미에서 조금 더 나아가 확장된 의미를 주변 의미라고 합니다.

2 답 ③

문장에서 '밥'은 '끼니로 먹는 음식'을 뜻하므로 바꾸어 쓸 수 있는 유의어는 '끼니'입니다.

오답 풀이
① '국'은 '고기, 생선, 채소 따위에 물을 많이 붓고 간을 맞추어 끓인 음식.'을 뜻하는 단어입니다.
② '쌀'은 '벼에서 껍질을 벗겨 낸 알맹이.'를 뜻하는 단어입니다.
④ '간식'은 '끼니와 끼니 사이에 음식을 먹는 음식.'을 뜻하는 단어입니다.
⑤ '반찬'은 '밥에 곁들여 먹는 음식을 통틀어 이르는 말.'입니다.

3 답 ⑤

'덥다'는 온도가 높다는 뜻을 가진 단어이므로, 반의어는 온도가 낮다는 뜻을 가진 '춥다'가 알맞습니다.

오답 풀이
① '낮'은 '해가 뜰 때부터 질 때까지의 동안.'을 뜻하고, '밤'은 '해가 져서 어두워질 때부터 다음 날 해가 떠서 밝아지기 전까지의 동안.'을 뜻하므로 두 단어는 의미가 서로 반대인 반의어입니다.
② '시작'은 '차례나 시간상으로 맨 앞.'을 뜻하고, '끝'은 '시간에서의 마지막 때.'를 뜻하므로 두 단어는 의미가 서로 반대인 반의어입니다.
③ '좋다'는 '대상의 성질이나 내용 따위가 보통 이상의 수준이어서 만족할 만하다.'라는 뜻이고, '싫다'는 '마음에 들지 아니하다.'라는 뜻이므로 두 단어는 의미가 서로 반대인 반의어입니다.
④ '맑다'는 '잡스럽고 탁한 것이 섞이지 아니하다.'라는 뜻이고, '흐리다'는 '잡것이 섞여 깨끗하지 못하다.'라는 뜻이므로 두 단어는 의미가 서로 반대인 반의어입니다.

4 답 ③

　‘개’는 ‘포유류’의 하의어이자, ‘진돗개, 푸들, 치와
와’의 상의어입니다.

> **오답 풀이**
> ①, ④ ‘개’는 ‘동물’과 ‘포유류’의 하의어입니다.
> ② ‘개’와 ‘조류’는 서로 상의어와 하의어의 관계가 아닙니다.
> ⑤ ‘개’와 ‘고양이’는 서로 상의어와 하의어의 관계가 아닙니다.

5 답 ②

　㉠에는 ‘불씨나 높은 열로 불이 붙어 번지거나 불꽃
이 일어나다.’, ㉡에는 ‘탈것이나 짐승의 등 따위에 몸
을 얹다.’, ㉢에는 ‘액체에 다른 액체나 가루 따위를 넣
어 섞다.’의 의미를 가진 동음이의어 ‘타다’가 들어갑
니다.

6 답 ⑤

　신체의 ‘다리’가 중심 의미이고 물체의 ‘다리’는 주변
의미이므로, ‘다리’는 다의어입니다.

> **오답 풀이**
> ① 앞의 ‘쓰다’는 ‘모자 따위를 머리에 얹어 덮다.’라는 뜻이고, 뒤
> 의 ‘쓰다’는 ‘연필이나 펜과 같은 필기도구로 종이 따위에 획을
> 그어서 일정한 글자를 적다.’라는 뜻이므로 두 단어는 동음이
> 의어입니다.
> ② 앞의 ‘배’는 ‘일정한 수나 양이 그 수만큼 거듭됨을 이르는 말.’
> 이고, 뒤의 ‘배’는 ‘사람이나 짐 따위를 싣고 물 위로 떠다니도
> 록 만든 물건.’이라는 뜻이므로 두 단어는 동음이의어입니다.
> ③ 앞의 ‘김’은 ‘해초의 일종으로 네모나게 얇게 펴서 말린 검은색
> 의 음식.’이라는 뜻이고, 뒤의 ‘김’은 ‘액체가 열을 받아서 기체
> 로 변한 것.’이라는 뜻이므로 두 단어는 동음이의어입니다.
> ④ 앞의 ‘바르다’는 ‘말이나 행동 따위가 사회적인 규범이나 사리
> 에 어긋나지 아니하고 들어맞다.’라는 뜻이고, 뒤의 ‘바르다’는
> ‘풀칠한 종이나 헝겊 따위를 다른 물건의 표면에 고루 붙이다.’
> 라는 뜻이므로 두 단어는 동음이의어입니다.

7 답 ⑴ 손을 　⑵ 단서를 　⑶ 중심을

　손을 잡을 때에는 1의 뜻, 단서를 잡을 때에는 6의
뜻, 중심을 잡을 때에는 13의 뜻으로 ‘잡다’를 씁니다.
⑴ “친구와 □□□□ 잡았다.”에서 ‘잡았다’가 ‘손으로
　움키고 놓지 않다.’라는 뜻으로 쓰일 경우에는 빈
　칸에 ‘손을’이 들어가는 것이 알맞습니다.
⑵ “형사가 사건의 □□□□ 잡았다.”에서 ‘잡았다’가
　‘실마리, 요점, 단점 따위를 찾아내거나 알아내다.’
　라는 뜻으로 쓰일 경우에는 빈칸에 ‘단서를’이 들어
　가는 것이 알맞습니다.
⑶ “공 위에 올라가 □□□□ 잡았다.”에서 ‘잡았다’가
　‘어떤 상태를 유지하다.’라는 뜻으로 쓰일 경우에는
　빈칸에 ‘중심을’이 들어가는 것이 알맞습니다.

---

04 고유어, 한자어, 외래어 **20~21** 쪽

1 ⑴ 한자어 　⑵ 외래어 　⑶ 외래어 　⑷ 고유어

2 ⑴ 외 　⑵ 고 　⑶ 한 　⑷ 고 　⑸ 외

---

1 답 ⑴ 한자어 　⑵ 외래어 　⑶ 외래어 　⑷ 고유어

⑴ 한자어에 대한 설명으로, 한자어는 글자마다 뜻을
　가집니다.
⑵ 외래어에 대한 설명으로, 외래어는 우리나라에 없던
　외국의 개념, 현상, 사물을 가리키는 것이 많습니다.
⑶ 외래어는 원래 있던 우리말로 표현하기 어려워서
　외국의 말을 빌려 우리말처럼 쓰는 말입니다.
⑷ 고유어에 대한 설명으로, 고유어는 소리, 모양, 맛,
　색깔을 나타내는 표현이 발달하였습니다.

2 답 ⑴ 외 　⑵ 고 　⑶ 한 　⑷ 고 　⑸ 외

　각 문장에서 밑줄 친 말이 순우리말을 바탕으로 만
들었는지, 한자를 바탕으로 만들었는지, 외국의 말을
빌려 왔는지를 구분해 봅니다.
⑴ ‘빵(pão)’은 포르투갈어에서 온 외래어입니다.
⑵ ‘보름달’은 ‘음력 보름날 밤에 뜨는 둥근달.’을 뜻하
　는 말로, ‘음력으로 그달의 열닷새째 되는 날.’을 뜻
　하는 ‘보름’과 ‘달’을 합해 만든 고유어입니다.
⑶ ‘수리(修理)’는 ‘고장 나거나 허름한 데를 손보아 고
　침.’을 뜻하는 한자어입니다.
⑷ ‘구슬픈’은 ‘처량하고 슬픈.’이라는 뜻을 가진 고유
　어입니다.
⑸ ‘알레르기(Allergie)’는 ‘어떤 물질이 몸에 닿거나
　몸속에 들어갔을 때 그것에 반응하여 생기는 불편
　하거나 아픈 증상.’을 뜻하는 말로, 독일어에서 온
　외래어입니다.

> **이렇게 설명해 주세요**
>
> 　국어의 단어는 유래에 따라 고유어, 한자어, 외래어로 나눌 수
> 있어요. 고유어는 우리 고유의 말로, 예로부터 우리의 문화와 정서
> 를 표현해 온 말이고 일상생활에서 자주 쓰여 왔어요. 한자어는 한
> 자를 바탕으로 만들어진 말로, 개념이나 추상적인 내용을 표현하
> 는 말에 많이 사용돼요. 외래어는 외국의 말이 우리말에 들어와 우
> 리말처럼 쓰이게 된 말로, 외국어와 달리 고유어나 한자어로 대체
> 하기 어려운 편이에요.

05 방언　　22~23쪽

1 (1) ○　(2) ×　(3) ○　(4) ○
2 ㉡, ㉣, ㉤

1 답　(1) ○　(2) ×　(3) ○　(4) ○

(1) 지역에 따라 달라진 말인 지역 방언과 사회적 원인에 따라 달라진 사회 방언이 있습니다.
(2) 사회 방언은 나이나 직업, 성별에 따라 달라진 말로, 같은 방언을 쓰지 않는 사람들은 말을 알아듣기 어렵습니다.
(3) 같은 방언을 사용하는 사람들끼리는 친밀감과 소속감을 느낄 수 있습니다.
(4) 나이나 직업, 성별 등 사회적 원인에 따라 달라진 말이 사회 방언입니다.

2 답　㉡, ㉣, ㉤

　㉡ '정구지', ㉣ '소확행', ㉤ '상기도염'이 방언입니다. ㉠에 쓰인 '옥수수'는 표준어입니다. ㉢에 쓰인 '사이다'는 한 시기에 유행하여 쓰는 사회 방언이 아니라, 청량음료를 뜻하는 외래어입니다.
　㉡ '할머니께서 정구지로 담은 김치를 보내 주셨다.'라는 문장에서 '정구지'는 '부추(독특한 냄새와 맛이 나는, 부드럽고 가는 녹색 잎이 뭉쳐나는 채소)'의 경상도 방언입니다.
　㉣ '소확행을 위해 주말에 할 수 있는 취미를 찾고 있다.'라는 문장에서 '소확행'은 '소소하지만 확실한 행복'을 뜻하는 신조어로, 사회 방언에 해당합니다.
　㉤ '상기도염을 예방하려면 손을 잘 씻는 습관이 중요하다.'라는 문장에서 '상기도염'은 '감기'와 뜻이 비슷한 전문어로, 사회 방언에 해당합니다.

이렇게 설명해 주세요

　방언은 어떤 지역이나 계층의 사람들만 쓰는 독특한 언어로, 지역에 따라 달라진 말을 지역 방언이라고 하고, 나이나 직업, 성별 등 사회적 원인에 따라 달라진 말을 사회 방언이라고 해요. 지역 방언은 '사투리'라고도 하는데, 각 지역 사람들이 서로 다른 말을 사용하면 의사소통이 어려워지므로, 이를 방지하기 위해 표준어를 정했어요. 사회 방언 중에는 학생들이 자주 사용하는 유행어나 신조어도 있는데, 지나치게 많이 쓰면 다른 사람과 대화하기 어려울 수 있으므로 주의해서 사용해야 해요.

실력 확인하기　　24~25쪽

1 (1) ○　(2) ×　(3) ○　(4) ×
2 ①　**3** (1) 수정　(2) 수리　(3) 치료
4 ③, ⑤　**5** ④　**6** ②
7 (1) 어머니, 어머니　(2) 생각, 생각　(3) 느낌, 느낌

1 답　(1) ○　(2) ×　(3) ○　(4) ×

(2) 외래어에 대한 설명입니다.
(4) 지역 방언으로 인한 의사소통의 불편을 줄이려고 교양 있는 사람들이 두루 쓰는 현대 서울말인 '표준어'를 정했습니다.

2 답　①

　①의 '달걀'은 '닭이 낳은 알.'을 뜻하는 고유어입니다.

오답 풀이
② '크레용(crayon)'은 '서양화의 데생에 쓰이는 콩테나 파스텔 같은 막대기 모양의 화구.'를 뜻하는 말로, 프랑스어에서 온 외래어입니다.
③ '강(江)'은 '넓고 길게 흐르는 큰 물줄기.'를 뜻하는 한자어입니다.
④ '게임(game)'은 '규칙을 정해 놓고 승부를 겨루는 놀이.'를 뜻하는 말로, 영어에서 온 외래어입니다.
⑤ '치약(齒藥)'은 '이를 닦는 데 쓰는 약.'을 뜻하는 한자어입니다.

3 답　(1) 수정　(2) 수리　(3) 치료

　고유어 '고치다'는 다의어로 여러 가지 의미를 가집니다. 한자어는 고유어에 비해 세분화된 의미를 가지고 있어 '치료하다, 수정하다, 수리하다'와 같이 쓰여 고유어 '고치다'의 뜻을 보완해 줍니다.
(1) '잘못되거나 틀린 것을 바로잡다.'의 뜻으로 쓰였으므로 '수정했다'가 알맞습니다.
(2) '고장이 나거나 못 쓰게 된 물건을 손질하여 제대로 되게 하다.'의 뜻으로 쓰였으므로 '수리했다'가 알맞습니다.
(3) '병 따위를 낫게 하다.'의 뜻으로 쓰였으므로 '치료했다'가 알맞습니다.

4 답　③, ⑤

　㉠ '학교(學校), 교복(校服), 학생(學生)'은 한자어이고, ㉡ '버스(bus), 볼펜(ball pen), 셔츠(shirt)'는 외래어입니다. 한자어는 고유어에 비해 세분화된 의미를 지니고 있어 고유어를 보완해 주고, 외래어는 외국의 말을 빌려 우리말처럼 쓰는 말로 외국어와 달리 고유어나 한자어로 대체하기 어렵습니다.

5 답 ④

'옥수시'는 표준어 '옥수수'의 전라도 방언으로, 지역 방언은 지역에 따라 쓰는 말이 달라 다른 지역 사람은 알아듣지 못할 수도 있습니다.

> **오답 풀이**
> ① 사회 방언 중 전문어에 대한 설명입니다.
> ② 표준어에 대한 설명입니다.
> ③ 사회 방언 중 유행어나 은어에 대한 설명입니다.
> ⑤ 사회 방언의 특징에 해당합니다.

6 답 ②

'국룰'은 나라를 뜻하는 한자어 '국(國)'과 법칙을 뜻하는 영어 'rule'을 합한 말로, 특정 행위가 관례적으로 불문율, 혹은 유행임을 의미합니다. '사바사'는 '사람 by 사람'의 줄임말로, 사람마다 다르다는 말로 쓰입니다. '국룰'과 '사바사' 모두 유행어로, 사회 방언에 해당합니다.

> **오답 풀이**
> ① 지역 방언에 대한 설명입니다.
> ③, ⑤ 사회 방언 중 전문어에 대한 설명입니다.
> ④ '국룰'은 한자어와 영어를 합친 말이고, '사바사'는 고유어와 영어를 합친 말입니다.

7 답 (1) 어머니, 어머니 (2) 생각, 생각 (3) 느낌, 느낌

옛날부터 쓰인 순우리말이나 그 말을 바탕으로 새로 만들어진 말인 고유어를 찾습니다. (1)~(3)의 문장에 쓰인 '모친', '사고', '감정'은 모두 한자를 바탕으로 만들어진 한자어입니다.

(1) '모친(母親)'은 '어머니'를 정중히 이르는 한자어이고, '어머니'는 '자기를 낳아 준 여자'를 이르거나 부르는 고유어이므로, "이분은 선생님의 ☐ 이십니다."에는 고유어 '어머니'가 들어가는 것이 알맞습니다.

(2) '생각'은 '사물을 헤아리고 판단하는 작용.'을 뜻하는 고유어이고, '사고(思考)'는 '생각하고 궁리함.'을 뜻하는 한자어이므로, "지나치게 치우친 ☐ 은/는 위험하다."에는 고유어 '생각'이 들어가는 것이 알맞습니다.

(3) '느낌'은 '몸의 감각이나 마음으로 깨달아 아는 기운이나 감정.'을 뜻하는 고유어이고, '감정(感情)'은 '어떤 현상이나 일에 대하여 일어나는 마음이나 느끼는 기분.'을 뜻하는 한자어이므로, "그는 자신의 ☐ 을 잘 표현하지 않는다."에는 고유어 '느낌'이 들어가는 것이 알맞습니다.

2 단어의 짜임

<table>
<tr><td>01 단일어와 복합어</td><td>30~31 쪽</td></tr>
</table>

1 (1) ○ (2) × (3) × (4) ○ (5) ○
2 (1) 첫눈 (2) 구름 (3) 사냥꾼 (4) 눈물

1 답 (1) ○ (2) × (3) × (4) ○ (5) ○

(2) 복합어에는 어근과 접사로 이루어진 단어뿐만 아니라 둘 이상의 어근으로 이루어진 단어도 있습니다.

(3) 단어는 단어를 이루는 어근과 접사가 어떻게 단어를 이루고 있는지에 따라 단일어와 복합어로 나눕니다.

2 답 (1) 첫눈 (2) 구름 (3) 사냥꾼 (4) 눈물

단일어는 하나의 어근으로만 이루어져 더 나눌 수 없는 단어이고, 복합어는 어근과 어근, 어근과 접사, 접사와 어근으로 이루어져서 나눌 수 있는 단어입니다.

(1) '해, 사랑, 고기'는 하나의 어근으로 이루어진 단일어이고, '첫눈'은 두 개의 어근이 붙어 이루어진 복합어입니다.

(2) '풋콩, 맨발, 부채질'은 어근과 접사가 결합하여 이루어진 복합어이고, '구름'은 하나의 어근으로 이루어진 단일어입니다.

(3) '밥, 나무, 거울'은 하나의 어근으로 이루어진 단일어이고, '사냥꾼'은 어근과 접사가 붙어 이루어진 복합어입니다.

(4) '무지개, 아버지, 산'은 하나의 어근으로 이루어진 단일어이고, '눈물'은 두 개의 어근이 붙어 이루어진 복합어입니다.

> **이렇게 설명해 주세요**
>
> 단일어와 복합어의 개념을 이해하려면 먼저 어근과 접사에 대해 알아야 해요. 어근은 단어의 실질적인 의미를 나타내는 중심 부분이고, 접사는 어근의 앞이나 뒤에 붙어서 그 뜻을 더하거나 제한하는 주변 부분이에요.
>
> '주먹'은 하나의 어근으로 이루어진 단일어로, '주'와 '먹'으로 나누면 본래 뜻이 사라져요. '주먹' 뒤에 어근 '밥'을 붙이면 '주먹밥'이라는 단어를 만들 수 있고, '주먹' 앞에 접사 '맨–'을 붙이면 '맨주먹'이라는 단어를 만들 수 있어요. 이러한 '주먹밥'과 '맨주먹'은 복합어예요.

02 합성어와 파생어　　32~33 쪽

1 (1) 접사　(2) 어근　(3) 접두　(4) 종속　(5) 융합
2 (1) ㉠　(2) ㉢　(3) ㉢　(4) ㉠　(5) ㉢

1 답　(1) 접사　(2) 어근　(3) 접두　(4) 종속　(5) 융합

(1) 파생어는 어근에 접사가 붙어 이루어진 단어입니다.
(2) 합성어는 둘 이상의 어근으로 이루어진 단어입니다.
(3) 접사가 어근 앞에 붙으면 접두 파생어, 어근 뒤에 붙으면 접미 파생어입니다.
(4) 종속 합성어는 한 어근이 다른 어근을 꾸며 주는 관계로 이루어진 합성어입니다.
(5) 융합 합성어는 어근끼리 합쳐져 새로운 의미를 갖게 된 합성입니다.

2 답　(1) ㉠　(2) ㉢　(3) ㉢　(4) ㉠　(5) ㉢

(1) '앞뒤'는 '앞'과 '뒤'가 원래 뜻을 가지며 합쳐진 대등 합성어입니다.
(2) '돌다리'는 '돌'이 '다리'를 꾸며 주는 종속 합성어입니다.
(3) '뛰어가다'는 '뛰다'가 '가다'를 꾸며 주는 종속 합성어입니다.
(4) '손발'은 '손'과 '발'의 원래 뜻을 가지며 합쳐진 대등 합성어입니다.
(5) '피땀'은 '피'와 '땀'의 뜻을 잃고 '노력, 정성'의 뜻을 갖게 된 융합 합성어입니다.

이렇게 설명해 주세요

　단어는 단일어와 복합어로 나눌 수 있는데, 이 중에서 복합어는 다시 합성어와 파생어로 나눌 수 있어요. 합성어는 둘 이상의 어근으로 이루어진 단어이고, 파생어는 어근에 접사가 붙어 이루어진 단어예요.
　또 합성어는 어근의 의미 관계에 따라 대등 합성어, 종속 합성어, 융합 합성어로 나누고, 파생어는 접사의 위치에 따라 접두 파생어, 접미 파생어로 나눈다는 점도 잘 알아 두어야 해요.

실력 확인하기　　34~35 쪽

1 (1) ㉣　(2) ㉠　(3) ㉢　(4) ㉡
2 ②　**3** ⑤　**4** ③　**5** ①, ③　**6** ①
7 (1) 맨-, -손　(2) 장난, -꾸러기　(3) 손, 수건

1 답　(1) ㉣　(2) ㉠　(3) ㉢　(4) ㉡

　어근은 단어에서 실질적인 뜻을 나타내는 중심 부분이고, 접사는 어근에 붙어 뜻을 더하거나 제한하는 주변 부분입니다.
(1) '손발'은 어근 '손'과 어근 '발'로 이루어진 복합어(합성어)입니다.
(2) '무지개'는 세 글자이지만 하나의 어근으로 이루어진 단일어입니다.
(3) '멋쟁이'는 어근 '멋'에 접사 '-쟁이'가 붙어 이루어진 복합어(파생어)입니다.
(4) '풋고추'는 접사 '풋-'에 어근 '고추'가 붙어 이루어진 복합어(파생어)입니다.

2 답　②

　하나의 어근으로만 이루어진 단일어는 '하늘'이고, '한여름', '주먹밥', '햇사과', '방울토마토'는 복합어입니다.

오답 풀이

① '한여름'은 접사 '한-'에 어근 '여름'이 붙어 이루어진 복합어(파생어)입니다.
③ '주먹밥'은 어근 '주먹'에 어근 '밥'이 붙어 이루어진 복합어(합성어)입니다.
④ '햇사과'는 접사 '햇-'에 어근 '사과'가 붙어 이루어진 복합어(파생어)입니다.
⑤ '방울토마토'는 어근 '방울'에 어근 '토마토'가 붙어 이루어진 복합어(합성어)입니다.

3 답　⑤

　'첫눈'과 '사과나무'는 둘 이상의 어근으로, '햇콩'과 '사과나무'는 어근에 접사가 붙어 이루어진 복합어입니다. '첫눈'은 대등 합성어, '햇콩', '맏아들'은 파생어, '사과나무'는 종속 합성어입니다.

오답 풀이

① '첫눈'과 '사과나무'는 두 개의 어근이 결합하여 이루어진 단어이므로 알맞지 않습니다.
② 단일어에 대한 설명이므로 알맞지 않습니다.
③ 종속 합성어에 대한 설명으로 '사과나무'만 해당됩니다. '첫눈'은 대등 합성어이고, '햇콩'와 '맏아들'은 파생어입니다.
④ 대등 합성어에 대한 설명으로 '첫눈'만 해당됩니다.

4 답 ③

합성어는 둘 이상의 어근으로 이루어진 단어입니다. '앞뒤'와 '팔다리'는 어근과 어근으로 이루어진 대등 합성어입니다.

> **오답 풀이**
> ① '눈물'은 합성어이지만, '풋콩'은 파생어입니다.
> ② '강산'은 합성어이지만, '맨몸'은 파생어입니다.
> ④ '저녁'은 단일어이고, '선생님'은 파생어입니다.
> ⑤ '피땀'은 합성어이지만, '햇과일'은 파생어입니다.

5 답 ①, ③

'콩나물(콩＋나물)'은 '콩으로 만든 나물'을 뜻하는 종속 합성어로, '봄에 내리는 비'를 뜻하는 '봄비(봄＋비)'와 '책을 담는 가방'을 뜻하는 '책가방(책＋가방)'도 종속 합성어입니다.

> **오답 풀이**
> ② '앞뒤(앞＋뒤)'는 앞과 뒤를 아울러 이르는 말로 대등 합성어입니다.
> ④ '논밭(논＋밭)'은 논과 밭을 아울러 이르는 말로 대등 합성어입니다.
> ⑤ '쥐뿔(쥐＋뿔)'은 아주 보잘것없거나 규모가 작은 것을 비유적으로 이르는 말로 융합 합성어입니다.

6 답 ①

접두 파생어는 접사가 어근의 앞에 붙는 파생어로, 접사 '햇－'이 어근 '곡식' 앞에 붙어 있는 '햇곡식'이 이에 해당합니다.

> **오답 풀이**
> ② 어근 '겁' 뒤에 접사 '－쟁이'가 붙은 접미 파생어입니다.
> ③ 어근 '돌'이 어근 '다리'를 꾸며 주는 종속 합성어입니다.
> ④ 어근 '부모' 뒤에 접사 '－님'이 붙은 접미 파생어입니다.
> ⑤ 어근 '잠' 뒤에 접사 '－꾸러기'가 붙은 접미 파생어입니다.

7 답 (1) 맨, －손 (2) 장난, －꾸러기 (3) 손, 수건

(1) "맨손으로 만지지 마라."라는 문장에 쓰인 '맨손'은 '아무것도 끼거나 감지 아니한 손.'을 뜻하는 말로, 어근 '손' 앞에 '다른 것이 없는'의 뜻을 더하는 접사 '맨－'이 붙은 접두 파생어입니다.

(2) "내 동생은 장난꾸러기이다."라는 문장에 쓰인 '장난꾸러기'는 '장난이 심한 아이.'를 뜻하는 말로, 어근 '장난' 뒤에 '그것이 심하거나 많은 사람'의 뜻을 더하는 접사 '－꾸러기'가 붙은 접미 파생어입니다.

(3) "나는 손수건으로 땀을 닦았다."라는 문장에 쓰인 '손수건'은 앞의 어근 '손'이 뒤의 어근 '수건'을 꾸며 주는 관계로 이루어진 종속 합성어입니다.

3 품사

<table><tr><td>**01 명사**</td><td>**40~41 쪽**</td></tr></table>

1 (1) ○ (2) × (3) ○ (4) ○ (5) ×
2 (1) ㉠ (2) ㉡ (3) ㉡ (4) ㉠

1 답 (1) ○ (2) × (3) ○ (4) ○ (5) ×

(1) 명사는 '백두산', '호랑이'와 같이 사람이나 사물 등의 이름을 나타내는 단어입니다.

(2) 명사는 구체적인 대상이나 추상적인 대상의 이름을 나타내기 때문에 형태가 변하지 않는다는 특성이 있습니다.

(3) 구체 명사는 눈으로 볼 수 있는 구체적인 대상의 이름을 나타내는 명사로 '비, 우산, 구름, 책, 의자, 책상' 등이 있습니다.

(4) 추상 명사는 눈에 보이지 않는 추상적인 대상의 이름을 나타내는 명사로 '사랑, 기쁨, 슬픔, 우정, 희망' 등이 있습니다.

(5) 고유 명사는 특정한 사람이나 사물에만 쓰이는 이름을 나타내는 명사입니다. 같은 특성을 갖는 대상에 두루 쓰이는 명사는 보통 명사입니다.

2 답 (1) ㉠ (2) ㉡ (3) ㉡ (4) ㉠

구체 명사는 눈으로 볼 수 있는 구체적인 대상의 이름을 나타내는 명사이고, 추상 명사는 눈에 보이지 않는 추상적인 대상의 이름을 나타내는 명사입니다.

(1), (4) '책'과 '구름'은 눈으로 볼 수 있는 구체적인 대상의 이름을 나타내므로 구체 명사입니다.

(2), (3) '사랑'과 '우정'은 눈에 보이지 않는 추상적인 대상의 이름을 나타내므로 추상 명사입니다.

> **이렇게 설명해 주세요**
>
> 우리말의 품사 중에서 사람이나 사물 등의 이름을 나타내는 단어를 명사라고 해요. 명사는 문장에서 주로 주어나 목적어의 기능을 하며 형태가 변하지 않는 특징이 있어요. 명사는 대상에 따라 구체 명사와 추상 명사로 나눌 수 있는데, '책상, 의자'와 같이 눈으로 볼 수 있으면 구체 명사이고, '사랑, 우정'과 같이 눈으로 볼 수 없으면 추상 명사예요. 또 사용 범위에 따라 '이순신, 독도'처럼 특정한 사람이나 사물을 나타내는 고유 명사와 '동물, 식물'처럼 같은 종류의 사물에 두루 쓰이는 보통 명사로 나눌 수 있어요.

02 대명사 42~43 쪽

1 (1) 명사 (2) 2인칭 (3) 사람 (4) 대신하여
(5) 장소

2 (1) ㉠ (2) ㉡ (3) ㉡ (4) ㉠

1 답 (1) 명사 (2) 2인칭 (3) 사람 (4) 대신하여
(5) 장소

(1) 대명사는 사람, 사물, 장소의 이름인 명사를 대신하여 나타내는 단어입니다.

(2) '너, 너희, 그대, 당신, 여러분' 등은 듣는 사람을 가리키는 2인칭 대명사입니다.

(3) 인칭 대명사는 사람의 이름을 대신하여 나타내는 대명사로, '나, 너, 그분, 누구' 등이 있습니다.

(4) 대명사는 '이분, 이것, 이곳' 등과 같이 사람, 사물, 장소의 이름을 대신하여 나타냅니다.

(5) 지시 대명사는 사물이나 장소의 이름을 대신하여 나타내는 대명사로, 사물의 이름을 대신하는 대명사와 장소의 이름을 대신하는 대명사가 있습니다.

2 답 (1) ㉠ (2) ㉡ (3) ㉡ (4) ㉠

인칭 대명사는 사람의 이름을 대신하여 나타내는 대명사이고, 지시 대명사는 사물이나 장소의 이름을 대신하여 나타내는 대명사입니다.

(1) '나'는 말하는 사람이 자신을 가리키는 대명사이므로 인칭 대명사입니다.

(2) '이것'은 사물의 이름을 대신하는 대명사이므로 지시 대명사입니다.

(3) '거기'는 장소의 이름을 대신하는 대명사이므로 지시 대명사입니다.

(4) '우리'는 말하는 사람이 자기를 포함한 여러 사람을 가리키는 대명사이므로 인칭 대명사입니다.

우리말의 품사 중에서 사람, 사물, 장소의 이름을 대신하여 나타내는 단어를 대명사라고 해요. 대명사는 명사와 마찬가지로 문장에서 주로 주어나 목적어의 기능을 하며 형태가 변하지 않는 특징이 있어요. 대명사는 어떤 명사를 대신하는지에 따라 인칭 대명사와 지시 대명사로 나눌 수 있어요. '나, 너, 그, 누구'처럼 사람의 이름을 대신하는 말을 인칭 대명사라고 하고, '이것, 여기'처럼 사물이나 장소의 이름을 대신하는 말을 지시 대명사라고 한다는 점을 잘 알아 두도록 해요.

03 수사 44~45 쪽

1 (1) ○ (2) ○ (3) × (4) ○ (5) ×

2 (1) 둘 (2) 하나 (3) 한둘 (4) 첫째

1 답 (1) ○ (2) ○ (3) × (4) ○ (5) ×

(1) '첫째, 둘째, 셋째' 등과 같이 순서를 나타내는 수사를 서수사라고 부릅니다.

(2) '하나, 둘, 셋' 등과 같이 수량을 나타내는 수사를 양수사라고 부릅니다.

(3) '일(一), 이(二), 삼(三), 사(四)' 등은 한자어로 된 양수사입니다. 고유어로 된 양수사에는 '하나, 둘, 셋, 넷' 등이 있습니다.

(4) '하나, 둘, 첫째, 둘째'처럼 사람이나 사물 등의 수량이나 순서를 나타내는 단어를 수사라고 합니다.

(5) '한두째, 두세째' 등은 정확한 숫자가 아니더라도 수를 나타내는 단어이므로 수사가 맞습니다.

2 답 (1) 둘 (2) 하나 (3) 한둘 (4) 첫째

수사는 사람이나 사물 등의 수량이나 순서를 나타내는 단어로, 수량을 나타내는 양수사와 순서를 나타내는 서수사가 있습니다.

(1) 사람의 수량을 나타내는 단어인 '둘'은 양수사입니다. '너, 나'는 대명사이고 '키'는 명사입니다.

(2) 연필의 수량을 나타내는 단어인 '하나'는 양수사입니다. '필통, 연필'은 명사입니다.

(3) 철새의 수량을 나타내는 단어인 '한둘'은 양수사입니다. '들판, 철새'는 명사입니다.

(4) 일의 순서를 나타내는 단어인 '첫째'는 서수사입니다. '글, 목적, 생각'은 명사입니다.

우리말의 품사 중에서 사람이나 사물 등의 수량이나 순서를 나타내는 단어를 수사라고 해요. 수사는 명사, 대명사와 마찬가지로 문장에서 주로 주어나 목적어의 기능을 하며 형태가 변하지 않는 특징이 있어요.

수사는 수량을 나타내는 말인 양수사와 순서를 나타내는 말인 서수사가 있어요. 양수사에는 '하나, 둘' 같은 고유어 양수사와 '일(一), 이(二)' 같은 한자어 양수사가 있어요. 서수사 또한 '첫째, 둘째' 같은 고유어 서수사와 '제일(第一), 제이(第二)' 같은 한자어 서수사가 있어요.

실력 확인하기   **46~47 쪽**

1 (1) ◯   (2) ◯   (3) ◯   (4) ✕
2 (1) ㉢   (2) ㉠   (3) ㉡
3 ①, ④   **4** ⑤   **5** ④   **6** ⑤
7 (1) 거기, 거기   (2) 그, 그   (3) 그것, 그것

1 답 (1) ◯   (2) ◯   (3) ◯   (4) ✕

대명사는 사람, 사물, 장소의 이름을 대신하여 나타내는 말입니다. 사람이나 사물 등의 이름을 나타내는 말은 명사입니다.

2 답 (1) ㉢   (2) ㉠   (3) ㉡

(1) '여기'는 말하는 사람에게 가까운 곳을 가리키는 지시 대명사입니다.
(2) '토끼'는 눈으로 볼 수 있는 구체적인 대상이고, 같은 특성을 갖는 대상에 두루 쓰이는 말이므로 구체 명사, 보통 명사에 해당합니다.
(3) '둘'은 사람의 수량을 나타내는 양수사입니다.

3 답 ①, ④

㉠ '나무, 하늘, 집, 자동차'는 눈으로 볼 수 있는 구체적인 대상의 이름을 나타내는 말이므로 구체 명사이고, ㉡ '우정, 행복, 시간, 믿음'은 눈에 보이지 않는 추상적인 대상의 이름을 나타내는 말이므로 추상 명사입니다.

오답 풀이
② 추상 명사에 대한 설명이므로 ㉡과 관련 있는 내용입니다.
③ '희망'은 눈으로 볼 수 없으며 추상적인 개념을 나타내는 말이므로 구체 명사에 포함할 수 없습니다.
⑥ 추상 명사에 대한 설명이므로 ㉡과 관련 있는 내용입니다.

4 답 ⑤

'명사가 쓰일 자리에 명사를 대신하여 쓰는 단어'는 대명사이며, 대명사 중에서 '사물이나 장소의 이름을 대신하여 나타내는 단어'는 지시 대명사입니다.

오답 풀이
① '우리'는 말하는 사람이 자기를 포함한 여러 사람을 가리키는 말이므로 인칭 대명사입니다.
② '이분'은 말하는 사람이 가까이 있는 사람을 가리키는 말이므로 인칭 대명사입니다.
③ '누구'는 잘 모르는 사람을 가리키거나 특정 인물을 가리키지 않을 때 쓰는 말이므로 인칭 대명사입니다.
④ '당신'은 듣는 사람을 가리키는 말이므로 인칭 대명사입니다.

5 답 ④

'그것 사이에 작은 문을 더 냈다.'에서 '그것'은 앞에 나온 '큰문'을 대신하여 쓰인 지시 대명사입니다. 이처럼 대명사는 명사의 자리에서 명사를 대신하여 쓰입니다.

6 답 ⑤

'하나, 둘, 셋' 등과 같이 수량을 나타내는 양수사, '첫째, 둘째, 셋째' 등과 같이 순서를 나타내는 서수사를 구분해 봅니다. ⑤ "건강을 지키기 위해서는 첫째, 골고루 먹어야 한다."라는 문장에서 '첫째'는 일의 순서를 나타내는 서수사입니다.

오답 풀이
① "너도 이 빵 하나 먹어 볼래?"라는 문장에서 '하나'는 빵의 수량을 나타내는 양수사입니다.
② "이와 사를 더하면 육이 된다."라는 문장에서 '이(二), 사(四), 육(六)'은 모두 수량을 나타내는 양수사입니다.
③ "우리 둘은 가장 친한 친구이다."라는 문장에서 '둘'은 사람의 수량을 나타내는 양수사입니다.
④ "아이들 서넛이 놀이터에서 놀고 있다."라는 문장에서 '서넛'은 사람의 수량을 나타내는 양수사입니다.

7 답 (1) 거기, 거기   (2) 그, 그   (3) 그것, 그것

명사는 사람이나 사물 등의 이름을 나타내는 단어이고, 대명사는 이러한 명사를 대신하여 나타내는 단어입니다. 사람의 이름을 대신하여 나타내는 인칭 대명사와 사물이나 장소의 이름을 대신하여 나타내는 지시 대명사를 구분해 보고 알맞은 대명사를 골라 문장을 완성하세요.

(1) "편의점에는 과자가 많았다."라는 문장을 "⬚에는 과자가 많았다."라는 문장으로 바꿀 때 빈칸에는 '편의점'을 대신하여 나타내는 대명사가 들어가야 하므로, 장소의 이름을 대신하여 나타내는 지시 대명사인 '거기'가 들어가는 것이 알맞습니다.
(2) "준수는 과자를 샀다."라는 문장을 "⬚은/는 과자를 샀다."라는 문장으로 바꿀 때 빈칸에는 '준수'를 대신하여 나타내는 대명사가 들어가야 하므로, 말하는 사람과 듣는 사람이 아닌 나머지를 가리키는 3인칭 대명사 '그'가 들어가는 것이 알맞습니다.
(3) "과자는 정말 맛있었다."라는 문장을 "⬚은/는 정말 맛있었다."라는 문장으로 바꿀 때 빈칸에는 '과자'를 대신하여 나타내는 대명사가 들어가야 하므로, 앞에서 이미 이야기한 대상을 가리키는 지시 대명사 '그것'이 들어가는 것이 알맞습니다.

04 동사 48~49 쪽

1 (1) ✕ (2) ○ (3) ○ (4) ✕

2 (1) ㉡ (2) ㉠ (3) ㉠ (4) ㉡

---

1 답 (1) ✕ (2) ○ (3) ○ (4) ✕

(1) 동사는 문장 안에서 형태가 변하는데 이를 '활용'이라고 합니다.

(2) '먹다'가 활용할 때 '먹고, 먹는, 먹어서' 등이 되는데 이때 '먹-'과 같이 형태가 변하지 않는 부분을 어간이라고 합니다.

(3) '일어나다, 먹다, 씻다, 가다' 등과 같이 사람이나 사물의 움직임을 나타내는 말을 동사라고 합니다.

(4) 동사의 어미를 '-아라/-어라'로 활용하면 요청의 뜻이 아니라 명령의 뜻을 나타낼 수 있습니다.

2 답 (1) ㉡ (2) ㉠ (3) ㉠ (4) ㉡

(1) '씻어라'는 '씻는다, 씻자, 씻고' 등으로 활용하므로 형태가 변하지 않는 부분인 '씻-'이 어간입니다.

(2) '가자'는 '가고, 가서, 가니' 등으로 활용하므로 형태가 변하지 않는 부분인 '가-'가 어간입니다.

(3) '가라'는 '간다, 가자, 가서' 등으로 활용하므로 형태가 변하지 않는 부분인 '가-'가 어간입니다.

(4) '씻고'는 '씻는, 씻어서, 씻으니' 등으로 활용하므로 형태가 변하지 않는 부분인 '씻-'이 어간입니다.

이렇게 설명해 주세요

우리말의 품사 중에서 사물의 움직임이나 작용을 나타내는 단어를 동사라고 해요. 동사의 가장 큰 특징은 문장 안에서 형태가 변한다는 점인데, 이를 활용이라고 해요. 예를 들어 '먹다'라는 단어는 문장에 쓰일 때 '먹고, 먹는, 먹어서' 등과 같이 형태가 변하는데, 이때 '먹-'과 같이 형태가 변하지 않는 부분을 어간이라고 하고, '-고, -는, -어서'와 같이 형태가 변하는 부분을 어미라고 해요. 동사의 기본형은 형태가 변하지 않는 부분인 어간에 어미 '-다'가 붙는 말이라는 점을 꼭 알아 두도록 해요.

---

05 형용사 50~51 쪽

1 (1) 용언 (2) 형태(어미) (3) 지시 (4) 형용사

2 (1) 둥글다 (2) 어떠하니 (3) 길쭉하게 (4) 이러한

---

1 답 (1) 용언 (2) 형태(어미) (3) 지시 (4) 형용사

(1) 문장에서 주어의 움직임, 성질, 상태 등을 나타내는 단어를 용언이라고 합니다.

(2) 용언의 특징은 문장에서 쓰일 때 형태(어미)가 변한다는 것입니다.

(3) '이러하다, 저러하다' 등과 같이 사람이나 사물의 성질, 시간, 수량 따위가 어떠하다는 것을 대신 나타내는 형용사를 지시 형용사라고 합니다.

(4) 형용사는 사람이나 사물의 성질이나 상태를 나타내는 단어입니다.

2 답 (1) 둥글다 (2) 어떠하니 (3) 길쭉하게 (4) 이러한

사람이나 사물의 성질이나 상태를 나타내는 성상 형용사나 사람이나 사물의 성질, 시간, 수량 따위가 어떠하다는 것을 대신 나타내는 지시 형용사를 찾아봅니다.

(1) 보름달의 상태를 나타내는 성상 형용사 '둥글다'가 쓰였습니다.

(2) 내용의 성질을 나타내는 지시 형용사 '어떠하니'가 쓰였습니다.

(3) 빵의 상태를 나타내는 성상 형용사 '길쭉하게'가 쓰였습니다.

(4) 사람의 성질을 나타내는 지시 형용사 '이러한'이 쓰였습니다.

이렇게 설명해 주세요

우리말의 품사 중에서 사람이나 사물의 성질이나 상태를 나타내는 단어를 형용사라고 해요. 형용사도 용언에 포함되며 문장에서 쓰일 때 형태가 변하지만, 동사와 달리 현재를 나타내는 어미 '-는다/-ㄴ-', 명령을 나타내는 어미 '-아라/-어라', 청유를 나타내는 어미 '-자'와는 함께 쓸 수 없어요. 형용사에는 '많다, 둥글다'와 같이 사람이나 사물의 성질이나 상태를 나타내는 성상 형용사와 '어떠하다, 그러하다' 등과 같이 사람이나 사물의 성질, 시간, 수량 따위가 어떠하다는 것을 대신 나타내는 지시 형용사가 있어요.

실력 확인하기   **52~53**쪽

1 (1) 형 (2) 동 (3) 동 (4) 형
2 ②, ④   **3** ①   **4** (1) ㉠, ㉡, ㉢ (2) ㉣
5 ③   **6** ③
7 (1) 형용사, 작아서 등 (2) 동사, 그리자 등
     (3) 형용사, 빠르게 등

1 답 (1) 형 (2) 동 (3) 동 (4) 형

(1) 사람이나 사물의 성질이나 상태를 나타내는 단어는 형용사의 종류 중 성상 형용사로, '달다, 붉다, 배고프다' 등이 있습니다.

(2) 동사는 '먹는다, 간다' 등과 같이 '어간＋−는다/−ㄴ다'로 활용할 수 있지만, 형용사는 '예쁜다, 푸른다' 등과 같이 '어간＋−는다/−ㄴ다'로 활용하면 문법적으로 틀린 말이 됩니다. 이처럼 형용사는 현재를 나타내는 어미와 함께 쓸 수 없습니다.

(3) 사람이나 사물의 움직임이나 작용을 나타내는 단어는 동사입니다.

(4) 사람이나 사물의 성질이 어떠하다는 것을 대신 나타내는 단어는 형용사의 종류 중 지시 형용사로, '이러하다, 저러하다, 어떠하다' 등이 있습니다.

2 답 ②, ④

동사는 사람이나 사물의 움직임이나 작용을 나타내는 단어입니다. ② '걷자'와 ④ '일어나서'는 움직임을 나타내는 단어이므로 동사입니다. ① '예쁘다', ③ '행복하다', ⑤ '짧아'는 사람이나 사물의 성질이나 상태를 나타내는 단어인 '형용사'입니다.

3 답 ①

'먹고, 먹으니, 먹어서, 먹는'은 기본형 '먹다'의 어간 '먹−'에 어미 '−고, −으니, −어서, −는'이 붙어서 만들어진 단어입니다.

'먹다'는 '음식 따위를 입을 통하여 배 속에 들여보내다.'라는 뜻으로, 사람이나 사물의 움직임이나 작용을 나타내는 단어인 동사입니다.

4 답 (1) ㉠, ㉡, ㉢ (2) ㉣

성상 형용사는 사람이나 사물의 성질이나 상태를 나타내는 형용사이고, 지시 형용사는 사람이나 사물의 성질, 시간, 수량 따위가 어떠하다는 것을 대신 나타내는 형용사입니다.

5 답 ③

"나랑 같이 영화를 보자."라는 문장에 쓰인 '보자'는 어간 '보−'에 요청의 뜻을 나타내는 어미 '−자'가 결합한 단어입니다. 동사는 어간에 어미 '−자'가 붙을 수 있지만, 형용사는 어간에 어미 '−자'가 붙을 수 없습니다. ③ '즐겁다'는 '마음에 거슬림이 없이 흐뭇하고 기쁘다.'라는 뜻의 형용사로 '즐겁자'와 같이 활용할 수 없습니다.

> **오답 풀이**
> ① '웃다'는 동사이므로 '웃자'로 활용할 수 있습니다.
> ② '덮다'는 동사이므로 '덮자'로 활용할 수 있습니다.
> ④ '나누다'는 동사이므로 '나누자'로 활용할 수 있습니다.
> ⑤ '가리다'는 동사이므로 '가리자'로 활용할 수 있습니다.

6 답 ③

③의 쓰인 '귀엽고'와 '사랑스럽다'는 모두 '아기'의 상태를 나타내는 형용사입니다.

> **오답 풀이**
> ① '차가운'은 '비'의 성질을 나타내는 형용사이고, '내린다'는 '비'의 움직임을 나타내는 동사입니다.
> ② '빨간'은 '장미'의 상태를 나타내는 형용사이고, '피었다'는 '장미'의 움직임을 나타내는 동사입니다.
> ④ '넣어'는 사람의 움직임을 나타내는 동사이고, '싱겁다'는 '국'의 성질을 나타내는 형용사입니다.
> ⑤ '오래된'은 '자전거'의 상태를 나타내는 형용사이고, '고쳤다'는 형의 움직임을 나타내는 동사입니다.

7 답 (1) 형용사, 작아서 등 (2) 동사, 그리자 등
     (3) 형용사, 빠르게 등

(1) '작다'는 '길이, 넓이, 부피 따위가 비교 대상이나 보통보다 덜하다.'라는 뜻의 형용사입니다. "옷이 [　] 불편하다."라는 문장의 빈칸에는 '작다'를 활용해 옷의 상태를 나타내면서 '불편하다'의 원인이 되는 말을 넣어야 하므로 '작아서'를 쓰는 것이 알맞습니다.

(2) '그리다'는 '연필, 붓 따위로 어떤 사물의 모양을 그와 닮게 선이나 색으로 나타내다.'라는 뜻의 동사입니다. "이리 와서 함께 그림을 [　]."라는 문장의 빈칸에는 '그리다'를 활용해 요청의 뜻을 나타내는 말을 넣어야 하므로 '그리자'를 쓰는 것이 알맞습니다.

(3) '빠르다'는 '어떤 동작을 하는 데 걸리는 시간이 짧다.'라는 뜻의 형용사입니다. "[　] 걸었더니 온몸에 땀이 난다."라는 문장의 빈칸에는 '빠르다'를 활용해 '걸었더니'를 꾸며 주는 말을 넣어야 하므로 '빠르게'를 쓰는 것이 알맞습니다.

06 관형사   54~55 쪽

1 (1) ○ (2) ○ (3) × (4) × (5) ○
2 (1) 책 (2) 추억 (3) 사람 (4) 가방

1 답 (1) ○ (2) ○ (3) × (4) × (5) ○

(1) '새 책', '헌 옷'에서 관형사 '새'와 '헌' 뒤에 바로 체언이 오는 것처럼 관형사 뒤에는 조사가 붙지 않습니다.
(2) 관형사는 체언인 명사, 대명사, 수사 앞에서 체언을 꾸며 주어 문장에서 '어떠한'의 역할을 하는 단어입니다.
(3) 지시 관형사는 특정한 대상을 지시하여 가리키는 관형사로 '이, 그, 저, 이런, 그런, 저런, 어느, 무슨' 등이 있습니다.
(4) 관형사는 문장에서 쓰일 때 형태가 변하지 않는 불변어입니다.
(5) '옛', '오랜'은 대상의 성질이나 상태를 나타내는 성상 관형사입니다.

2 답 (1) 책 (2) 추억 (3) 사람 (4) 가방

관형사는 체언 앞에서 체언을 꾸며 주는 역할을 하며, 사람이나 사물의 모양, 상태, 성질을 나타내는 성상 관형사, 특정한 대상을 지시하여 가리키는 지시 관형사, 수량이나 순서를 나타내는 수 관형사가 있습니다.
(1) 지시 관형사 '저'가 명사인 '책'을 꾸며 줍니다.
(2) 성상 관형사 '옛'이 명사인 '추억'을 꾸며 줍니다.
(3) 수 관형사 '여러'가 명사인 '사람'을 꾸며 줍니다.
(4) 지시 관형사 '어느'가 명사인 '가방'을 꾸며 줍니다.

이렇게 설명해 주세요

우리말의 품사 중에서 체언 앞에서 체언을 꾸며 주는 단어를 관형사라고 해요. 관형사는 문장 안에서 형태가 변하지 않으며 조사가 붙지 않는 특징이 있어요.
관형사에는 '새, 헌'과 같이 사람이나 사물의 모양, 상태, 성질을 나타내는 성상 관형사, '이, 그, 저'와 같이 특정한 대상을 지시하여 가리키는 지시 관형사, '한, 두, 첫째, 둘째'와 같이 수량이나 순서를 나타내는 수 관형사가 있어요. 지시 관형사는 대명사와, 수 관형사는 수사와 헷갈리지 않도록 주의해야 해요.

07 부사   56~57 쪽

1 (1) 있다 (2) 용언 (3) 문장 성분 (4) 있다
    (5) 문장 부사
2 (1) ㉡ (2) ㉠ (3) ㉣ (4) ㉢

1 답 (1) 있다 (2) 용언 (3) 문장 성분 (4) 있다
    (5) 문장 부사

(1) "밥을 너무 많이 먹었다."라는 문장에서 부사 '너무'가 부사 '많이'를 꾸며 주는 것처럼 부사는 다른 부사를 꾸밀 수 있습니다.
(2) 부사는 주로 용언인 동사와 형용사를 꾸며 주어 문장에서 '어떻게'의 역할을 하는 단어입니다.
(3) '너무'는 성분 부사이기 때문에 문장의 한 성분을 꾸며 줍니다.
(4) 부사는 조사가 붙지 않지만, 예외적으로 '은/는', '도', '만'과 같은 조사가 붙기도 합니다.
(5) '그러나, 그래서, 그리고, 곧' 등과 같이 앞 문장과 뒤 문장을 이어 주는 부사를 문장 부사라고 합니다.

2 답 (1) ㉡ (2) ㉠ (3) ㉣ (4) ㉢

(1) 빈칸에는 '오세요'를 꾸며 줄 수 있는 성분 부사이면서 장소를 가리키는 '이리'가 들어가는 것이 알맞습니다.
(2) 빈칸에는 '먹었다'를 꾸며 줄 수 있는 성분 부사이면서 용언의 내용을 부정하는 '못'이 들어가는 것이 알맞습니다.
(3) 빈칸에는 문장 전체를 꾸며 줄 수 있는 문장 부사이면서 마음이 놓임을 나타내는 '다행히'가 들어가는 것이 알맞습니다.
(4) 빈칸에는 문장 전체를 꾸며 줄 수 있는 문장 부사이면서 그러지 않기를 바라는 마음을 나타내는 '설마'가 들어가는 것이 알맞습니다.

이렇게 설명해 주세요

우리말의 품사 중에서 주로 용언인 동사와 형용사를 꾸며 주는 단어를 부사라고 해요. 부사는 관형사와 마찬가지로 문장에서 쓰일 때 형태가 변하지 않고 조사가 붙지 않지만, 예외적으로 '은/는, 도, 만'과 같은 조사가 붙기도 해요.
부사에는 '매우, 너무, 이리, 오늘, 못, 안' 등과 같이 문장의 한 성분을 꾸며 주는 성분 부사와 '과연, 설마, 그러나, 그래서' 등과 같이 문장 전체를 꾸며 주는 문장 부사가 있어요. 특히 부사는 다른 부사를 꾸밀 수도 있다는 점을 잘 알아 두도록 해요.

08 조사   58~59 쪽

1 (1) ×   (2) ○   (3) ○   (4) ○   (5) ×

2 (1) 이다   (2) 만   (3) 의   (4) 랑

1 답 (1) ×   (2) ○   (3) ○   (4) ○   (5) ×

(1) 조사는 단어이지만 홀로 쓰일 수 없어서 주로 체언 뒤에 붙어서 쓰입니다.

(2) 조사는 앞에 오는 말에 붙어서 다른 말과의 문법적인 관계를 나타내거나 특별한 의미를 더해 주는 단어입니다. 이렇게 문장에서 단어들의 문법적 관계를 나타내는 역할을 하는 단어를 관계언이라고 합니다.

(3) 보조사 '도, 마저, 조차'는 앞말에 '더함'의 의미를 더해 줍니다.

(4) 조사는 문장에서 쓰일 때 형태가 변하지 않지만 '이다'만 예외적으로 '이야, 이고, 이면' 등으로 형태가 변합니다.

(5) 조사 '을/를'은 앞에 오는 말이 문장에서 주어가 아니라 목적어의 자격을 가지도록 합니다.

2 답 (1) 이다   (2) 만   (3) 의   (4) 랑

(1) 앞말인 '학생'이 '나'를 풀이하는 서술어가 되게 하는 격 조사 '이다'가 들어가야 합니다.

(2) 앞말인 '현수'가 한 행동을 '잠'으로 한정하는 의미를 더해 주는 보조사 '만'이 들어가야 합니다.

(3) 앞말인 '너'가 목소리를 꾸며 주는 말이 되도록 하는 격 조사 '의'가 들어가야 합니다.

(4) '떡볶이'와 '순대'를 같은 자격으로 이어 주는 접속 조사 '랑'이 들어가야 합니다.

이렇게 설명해 주세요

우리말의 품사 중에서 앞에 오는 말에 붙어 다른 말과의 문법적인 관계를 나타내거나 특별한 의미를 더해 주는 단어를 조사라고 해요. 조사는 홀로 쓰일 수 없어서 주로 체언 뒤에 붙어서 쓰이고, 문장에서 쓰일 때 형태가 변하지 않지만 '이다'만 예외적으로 형태가 변한다는 점을 잘 알아 두도록 해요. 조사는 크게 격 조사, 보조사, 접속 조사로 나눌 수 있으며 종류가 매우 다양해요. 어떤 조사를 사용하느냐에 따라 문장의 의미가 크게 달라질 수 있으므로, 각 조사의 적절한 쓰임을 알고 정확하게 사용하도록 해요.

09 감탄사   60~61 쪽

1 (1) 부름   (2) 뜻   (3) 대답   (4) 감정

2 (1) ○   (2) ○   (3) ○

1 답 (1) 부름   (2) 뜻   (3) 대답   (4) 감정

(1) '야, 얘'는 아랫사람이나 또래를 부르는 말이므로 부름을 나타내는 감탄사입니다.

(2) "아이고, 깜짝이야."라는 문장에서 '아이고'가 빠져도 문장의 뜻은 달라지지 않습니다. 감탄사는 문장에서 다른 말들에 얽매이지 않고 독립적으로 쓰여 독립언으로 분류합니다. 감탄사는 문장의 뜻에 영향을 주지 않으며 홀로 문장을 이룰 수도 있습니다.

(3) '응, 그래'는 대답을 나타내는 감탄사로, 상대의 이야기에 긍정하여 대답할 때 씁니다.

(4) 문장에서 말하는 사람의 감정, 부름, 대답 등을 나타내는 단어를 감탄사라고 합니다.

2 답 (1) ○   (2) ○   (3) ○

감탄사는 놀람, 반가움 등의 느낌이나 기분을 나타내는 '감정을 나타내는 감탄사', 아랫사람이나 또래, 윗사람을 부를 때 쓰는 '부름을 나타내는 감탄사', 상대의 말에 긍정하거나 부정하여 대답할 때 쓰는 '대답을 나타내는 감탄사'가 있습니다.

(1) '흥'은 감정(불쾌감)을 나타내는 감탄사입니다. ○ '앗' 또한 감정(놀람)을 나타내는 감탄사입니다.

(2) '네'와 ○ '그래'는 대답(긍정)을 나타내는 감탄사입니다.

(3) '얘'와 ○ '야'는 부름을 나타내는 감탄사입니다.

이렇게 설명해 주세요

우리말의 품사 중에서 말하는 사람의 감정이나 부름, 대답 등을 나타내는 단어를 감탄사라고 해요. 감탄사는 문장에서 다른 말들에 얽매이지 않고 독립적으로 쓰여 독립언으로 분류해요. 감탄사는 '어머, 아이고'처럼 감정을 나타내는 감탄사, '야, 얘'처럼 부름을 나타내는 감탄사, '응, 아니요'처럼 대답을 나타내는 감탄사로 나눌 수 있어요. 이러한 감탄사는 문장의 뜻에 영향을 주지 않고 다른 말과 관계 맺지 않기 때문에 감탄사가 빠져도 문장의 뜻이 변하지 않으며, 감탄사 홀로 문장을 이룰 수 있다는 점을 잘 알아 두어야 해요.

실력 확인하기   62~63쪽

1 ②   **2** (1) ㉠   (2) ㉢   (3) ㉡

3 ③   **4** ④, ⑤   **5** ②   **6** (2) ○   (3) ○

7 (1) 접속 조사, 와/랑/하고 등   (2) 보조사, 부터 등

    (3) 격 조사, 께서 등

---

1 답 ②

'어머'는 감정(놀람)을 나타내는 감탄사, '저'는 뒤에 오는 대상을 가리키는 관형사, '강아지'와 '고양이'는 동물의 이름을 나타내는 명사(구체 명사, 보통 명사), '랑'은 '강아지'와 '고양이'를 같은 자격으로 이어 주는 조사, '진짜'는 뒤에 오는 '예쁘다'를 꾸며 주는 부사, '예쁘다'는 대상의 성질을 나타내는 형용사입니다.

2 답 (1) ㉠   (2) ㉢   (3) ㉡

(1) '옛 추억'에서 '옛'은 뒤에 오는 '추억'의 성질을 나타내므로 성상 관형사입니다.

(2) '둘째 주'에서 '둘째'는 뒤에 오는 '주'의 순서를 나타내므로 수 관형사입니다. 여기서 '둘째'는 체언인 '주'를 꾸며 주는 역할을 하며 뒤에 조사가 붙지 않으므로 수사가 아니라는 점에 주의해야 합니다.

(3) '어느 노래'에서 '어느'는 뒤에 오는 '노래'가 여러 노래 중 어느 노래인지 가리키므로 지시 관형사입니다.

3 답 ③

③ "벌써 새 학기가 되었다."에 문장 전체를 꾸며 주는 부사 '벌써'와 체언(명사)인 '학기'를 꾸며 주는 관형사 '새'가 쓰였습니다.

> **오답 풀이**
> ① "책 세 권을 샀다."에는 체언인 '권'을 꾸며 주는 관형사 '세'가 쓰였지만 부사는 쓰이지 않았습니다.
> ② "아직 비가 안 온다."에는 문장 전체를 꾸며 주는 부사 '아직'과 성분 부사 '안'이 쓰였지만 관형사는 쓰이지 않았습니다.
> ④ "그 우산은 내 것이 아니다."에는 체언 '우산'을 꾸며 주는 관형사 '그'가 쓰였지만 부사는 쓰이지 않았습니다.
> ⑤ "강아지가 꼬리를 잘 흔든다."에는 용언 '흔든다'를 꾸며 주는 부사 '잘'이 쓰였지만 관형사는 쓰이지 않았습니다.

4 답 ④, ⑤

보기 는 조사의 종류 중에서 보조사에 대한 설명입니다. ④ '마저'는 더함('나'를 떠난 대상이 '너'뿐만이 아님)의 의미를 더해 주는 보조사이고, ⑤ '는'은 대조(다른 사람과 다름)의 의미를 더해 주는 보조사입니다.

5 답 ②

①의 '앗', ③의 '응', ④의 '어머나', ⑤의 '여보세요'는 감탄사이고, ②의 '규호야'는 사람의 이름을 나타내는 명사인 '규호' 뒤에 누군가를 부르는 조사인 '야'가 붙은 형태로 감탄사가 아닙니다.

> **오답 풀이**
> ① '앗'은 감정(놀람)을 나타내는 감탄사입니다.
> ③ '응'은 대답(긍정)을 나타내는 감탄사입니다.
> ④ '어머나'는 감정(놀람)을 나타내는 감탄사입니다.
> ⑤ '여보세요'는 부름(전화 상대)을 나타내는 감탄사입니다.

6 답 (2) ○   (3) ○

(1) ㉠ '아'는 감정(놀람)을 나타내는 감탄사로, 문장에서 쓰일 때 형태가 변하지 않는 불변어로 분류합니다.

(2) ㉡ '얘'는 부름(아랫사람이나 또래)을 나타내는 감탄사로, 문장에서 다른 말들에 얽매이지 않고 독립적으로 쓰였습니다. 이처럼 감탄사는 문장의 뜻에 영향을 주지 않고 다른 말과 관계 맺지 않는 '독립언'입니다.

(3) ㉢ '내일'은 뒤에 오는 동사인 '만나자'의 시간을 가리키는 성분 부사로, 언제 만날 것인지를 가리킵니다.

7 답 (1) 접속 조사, 와/랑/하고 등   (2) 보조사, 부터 등

    (3) 격 조사, 께서 등

조사에는 앞에 오는 말이 문장에서 일정한 자격을 가지도록 하는 격 조사, 앞에 오는 말에 특별한 의미를 더해 주는 보조사, 두 단어를 같은 자격으로 이어 주는 접속 조사가 있습니다. 각 문장의 빈칸에 어떤 조사가 들어가야 하는지 확인해 보고, 앞뒤 문맥을 고려해 적절한 예를 써 봅니다.

(1) "이건 너□□□ 나의 비밀이다."라는 문장의 빈칸에는 '너'와 '나'를 같은 자격으로 이어 주는 접속 조사가 필요하므로, '와, 랑, 하고'와 같은 조사가 들어가는 것이 알맞습니다.

(2) "12월□□□ 2월까지 겨울이라고 한다."라는 문장의 빈칸에는 '겨울'이 앞말(12월)에서 시작한다는 의미를 더해 주는 보조사가 필요하므로, '부터'와 같은 조사가 들어가는 것이 알맞습니다.

(3) "할머니□□□ 주신 사탕이 참 맛있다."라는 문장의 빈칸에는 '할머니'를 주어로 만들어 주는 격 조사가 필요하므로, '께서'와 같은 조사가 들어가는 것이 알맞습니다.

4 문장 성분

01 주어 68~69 쪽

1 (1) ○ (2) ○ (3) ✕ (4) ○
2 (1) ○ (2) ○ (3) ○

1 답 (1) ○ (2) ○ (3) ✕ (4) ○

(1) 주어는 문장에서 '누가', '무엇이'에 해당하는 말로, 문장에서 '누구'나 '무엇'에 조사 '이/가'가 붙습니다. 이때 주어 '누가'는 움직임, 상태나 성질의 주체가 되는 사람이고, '무엇이'는 움직임, 상태나 성질의 주체가 되는 사물입니다.

(2) 주성분은 문장을 이루는 데 꼭 필요한 성분으로 주어, 서술어, 목적어, 보어가 이에 해당합니다. 따라서 문장에서 어느 한 성분이 빠지면 무슨 뜻인지 알 수 없게 됩니다.

(3) 높임의 대상이 주어가 될 때에는 조사 '이/가' 대신에 높임말인 '께서'가 붙습니다. 조사 '이/가'에 '께서'를 덧붙이는 게 아닙니다.

(4) 문장에서 움직임, 상태나 성질 등의 주체가 되는 문장 성분을 주어라고 합니다.

2 답 (1) ○ (2) ○ (3) ○

(1) "건물이 참 높다."에서 '건물이'는 주어로, 문장에서 '무엇이'에 해당하는 말입니다.

(2) "이웃들이 친절하다."에서 '이웃들이'는 주어로, 문장에서 '누가'에 해당하는 말입니다.

(3) "기차가 매우 빠르다."에서 '기차가'는 주어로, 문장에서 '무엇이'에 해당하는 말입니다.

(4) "선생님께서 교실에 들어오셨다."에서 '교실에'는 부사어로, 문장에서 '어디에'에 해당하는 말입니다.

이렇게 설명해 주세요

문장은 생각이나 감정을 말로 표현할 때에 완결된 내용을 나타내는 최소의 단위예요. 문장은 대개 여러 개의 단어가 모여 만들어지는데 주어, 서술어, 목적어, 보어는 문장을 만들기 위해 꼭 필요한 문장 성분이에요. 주성분이라고 하지요. 주어는 문장에서 움직임, 상태나 성질 등의 주체가 되는 문장 성분을 말해요. 문장에서 '누가', '무엇이'에 해당하는 말로, 조사 '이/가' 그리고 '께서'가 붙지요. 하지만 주어는 상황에 따라 생략되기도 한다는 점을 알아 두세요.

02 서술어 70~71 쪽

1 (1) 체언 (2) 주성분 (3) 움직임 (4) 서술어
2 (1) ㉡ (2) ㉢ (3) ㉠ (4) ㉢

1 답 (1) 체언 (2) 주성분 (3) 움직임 (4) 서술어

(1) 서술어는 문장에서 '어찌하다', '어떠하다', '무엇이다'에 해당합니다. 움직임을 나타내는 동사 또는 상태나 성질을 나타내는 형용사가 그 자체로 서술어가 되거나, 체언에 조사 '이다'가 붙어 서술어가 되기도 합니다.

(2) 서술어는 주어, 목적어, 보어와 함께 주성분에 속합니다.

(3) 문장에서 '어찌하다'는 동사로, 주어의 움직임을 풀이하는 서술어입니다.

(4) 서술어는 문장에서 주어의 움직임, 상태나 성질을 풀이하는 문장 성분입니다.

2 답 (1) ㉡ (2) ㉢ (3) ㉠ (4) ㉢

(1) "강물이 깊다."에서 '깊다'는 형용사로, 주어 '강물이'의 상태를 풀이하는 '어떠하다'의 형태입니다.

(2) "나는 학생이다."에서 '학생이다'는 '체언＋이다'로, 주어 '나는'이 누구인지 풀이하는 '누구이다'의 형태입니다.

(3) "장미가 피었다."에서 '피었다'는 동사로, 주어 '장미가'의 움직임을 풀이하는 '어찌하다'의 형태입니다.

(4) "피아노는 악기이다"에서 '악기이다'는 '체언＋이다'로, 주어 '피아노는'이 무엇인지 풀이하는 '무엇이다'의 형태입니다.

이렇게 설명해 주세요

서술어는 문장을 만드는 데 꼭 필요한 주성분 중 하나로, 주어의 움직임 또는 상태나 성질 등을 풀이하는 문장 성분이에요. 우리말에서 문장의 기본 구조는 서술어의 종류에 따라 다음과 같이 나눌 수 있어요.

- 누가/무엇이＋어찌하다(동사)
- 누가/무엇이＋어떠하다(형용사)
- 누가/무엇이＋누구/무엇이다(체언＋이다)

03 목적어　72~73쪽

1 (1) × (2) × (3) ○ (4) ○ (5) ○
2 (1) ○ (4) ○

04 보어　74~75쪽

1 (1) 앞 (2) 서술어 (3) 선생님이 (4) 조사
2 (1) 군인이 (2) 언니가 (3) 물고기가 (4) 부자가

---

1 답 (1) × (2) × (3) ○ (4) ○ (5) ○

(1) 목적어는 문장을 만드는 데 꼭 필요한 주성분입니다.

(2) 목적어는 문장에서 '누구를', '무엇을'에 해당하는 말로, 사람이나 물건이 목적어가 됩니다.

(3) 목적어는 문장에서 '누구'나 '무엇'에 조사 '을/를'을 붙이지만, 조사를 생략하고 체언으로만 나타낼 때도 있습니다.

(4) 목적어는 문장에서 '누구'나 '무엇'에 조사 '을/를'을 붙입니다.

(5) 문장에서 '누구를'은 서술어가 풀이하는 움직임의 대상이 되는 사람이고, '무엇을'은 서술어가 풀이하는 움직임의 대상이 되는 물건입니다.

2 답 (1) ○ (4) ○

보기 에서 '수박'은 목적어 '수박을'에서 조사 '을'이 생략되고 체언으로만 나타난 형태입니다.

(1) 목적어는 '빵'은 '빵을'에서 조사 '을'이 생략되고 체언으로만 나타난 형태입니다.

(2) 목적어는 '책을'은 '책'에 조사 '을'이 붙어서 나타난 형태입니다.

(3) 목적어는 '주스를'은 '주스'에 조사 '를'이 붙어서 나타난 형태입니다.

(4) 목적어는 '밥'은 '밥을'에서 조사 '을'이 생략되고 체언으로만 나타난 형태입니다.

1 답 (1) 앞 (2) 서술어 (3) 선생님이 (4) 조사

(1) 보어는 문장에서 서술어 '되다/아니다'의 앞에 놓이는 문장 성분입니다.

(2) 보어는 주성분으로, 주어와 서술어 '되다/아니다'만으로는 의미가 완전하지 못한 문장에서, 서술어를 보충하여 의미를 완전하게 해 주는 문장 성분입니다.

(3) 서술어 '되었다'의 앞에 놓인 '선생님이'는 체언 '선생님'에 조사 '이'가 붙은 보어입니다.

(4) 보어는 서술어 '되다/아니다' 앞에서 체언에 조사 '이/가'가 붙어 '누가/무엇이'의 형태로 쓰입니다.

2 답 (1) 군인이 (2) 언니가 (3) 물고기가 (4) 부자가

보어는 서술어 '되다/아니다' 앞에서 체언에 조사 '이/가'가 붙어, '누가', '무엇이'와 같은 형태가 됩니다.

(1) 문장에서 서술어 '아니다' 앞에 놓인 '군인＋이'가 보어에 해당합니다.

(2) 문장에서 서술어 '된다' 앞에 놓인 '언니＋가'가 보어에 해당합니다.

(3) 문장에서 서술어 '아니다' 앞에 놓인 '물고기＋가'가 보어에 해당합니다.

(4) 문장에서 서술어 '되셨다' 앞에 놓인 '부자＋가'가 보어에 해당합니다.

이렇게 설명해 주세요

문장은 기본적으로 주어와 서술어로 이루어진다고 했어요. 그런데 어떤 서술어의 경우에는 '누구를, 무엇을'이 있어야 완전한 문장이 돼요. 이 '누구를, 무엇을'에 해당하는 문장 성분이 바로 목적어예요. 예를 들어 "내가 주하를 만났다."라는 문장에서 '주하를'이라는 목적어가 없으면 "내가 만났다."라는 완전하지 않은 문장이 돼요. 또한 "두더지가 굴을 팠다."라는 문장에서도 '굴을'이라는 목적어가 없으면 "두더지가 팠다."라는 완전하지 않은 문장이 되지요. 따라서 목적어도 '문장을 만드는 데 꼭 필요한 성분'인 '주성분'에 포함돼요.

이렇게 설명해 주세요

문장의 서술어가 '되다'나 '아니다'인 경우에는 '무엇이'에 해당하는 성분이 있어야 완전한 문장이 되는데, 이 문장 성분을 보어라고 해요. 예를 들어 "이순신은 장군이 되었다."라는 문장에서 '장군이'라는 보어가 없으면 "이순신은 되었다."라는 완전하지 않은 문장이 돼요. 또한 "저것은 강아지가 아니오."라는 문장에서 '강아지가'라는 보어가 없으면 "저것은 아니오."라는 완전하지 않은 문장이 되지요. 따라서 보어도 '문장을 만드는 데 꼭 필요한 성분'인 '주성분'에 포함돼요.

실력 확인하기   76~77 쪽

1 ①   **2** ②   **3** ⑤   **4** ②

5 (1) ㉠   (2) ㉣   (3) ㉢   (4) ㉡   **6** ⑤

7 (1) 목적어, 도끼를 등   (2) 보어, 도끼가 등

   (3) 서술어, 도끼입니다 등

---

1 답 ①

㉠ '오빠가'는 주어로, 주어는 문장에서 '누가'에 해당하는 말입니다. '장미가'는 움직임 '피었다'의 주체가 되는 말로 문장에서 '무엇이'에 해당하는 말입니다.

> **오답 풀이**
> ② '그림책이다'는 체언 '그림책＋이다'로 주어가 무엇인지를 나타내는 서술어입니다.
> ③ '형을'은 문장에서 '누구를'에 해당하는 말이므로 목적어입니다.
> ④ '나를'은 문장에서 '누구를'에 해당하는 말이므로 목적어입니다.
> ⑤ '깎으셨다'는 어찌하였는지를 나타내는 동사로, 문장에서 주어의 움직임을 풀이하는 서술어입니다.

2 답 ②

문장에서 '어떠하다'에 해당하는 형용사는 '밝다'로, 주어 '별이'의 상태나 성질을 풀이하는 말입니다.

> **오답 풀이**
> ① '난다'는 '누가/무엇이＋어찌하다' 구조의 문장에서 '어찌하다'에 해당하는 동사로, 주어 '새가'의 움직임을 풀이합니다.
> ③ '달린다'는 '누가/무엇이＋어찌하다' 구조의 문장에서 '어찌하다'에 해당하는 동사로, 주어 '기차가'의 움직임을 풀이합니다.
> ④ '육식동물이다'는 '무엇이＋무엇이다' 구조의 문장에서 '무엇이다'에 해당하는 말로, 주어 '호랑이와 사자는'이 무엇인지 풀이합니다.
> ⑤ '먹었다'는 '누가/무엇이＋어찌하다' 구조의 문장에서 '어찌하다'에 해당하는 동사로, 주어 '도현이가'의 움직임을 풀이합니다.

3 답 ⑤

목적어는 문장에서 서술어가 풀이하는 움직임의 대상이 되는 문장 성분입니다. ⑤에서 '소영이가'가 주어, '접었다'는 서술어이므로 빈칸에는 서술어의 대상이 되는 목적어가 필요합니다.

> **오답 풀이**
> ① '언니가'가 주어이므로 빈칸에는 서술어가 필요합니다.
> ② '손을'은 목적어, '들었다'는 서술어이므로 빈칸에 필요한 것은 목적어가 아닙니다.
> ③ '빵을'은 목적어, '먹었다'는 서술어이므로 빈칸에 필요한 것은 목적어가 아닙니다.
> ④ '동생은'은 주어, '아니다'는 서술어이므로 빈칸에는 무엇이 아닌지를 나타내는 보어가 필요합니다.

4 답 ②

'타고 남은 재가'는 주어, '다시'는 부사, '됩니다'는 서술어입니다. 따라서 ㉠에는 '됩니다'의 의미를 보충해 주는 보어가 들어가야 합니다.

5 답 (1) ㉠ (2) ㉣ (3) ㉢ (4) ㉡

(1) ㉠ '누나＋는'은 서술어 '되다'와 '입는다'의 주체가 되는 주어입니다.
(2) ㉣ '입는다'는 주어의 움직임을 풀이하는 서술어입니다.
(3) ㉢ '교복＋을'은 서술어 '입는다'가 풀이하는 대상인 목적어입니다.
(4) ㉡ '중학생＋이'는 서술어 '되어'의 의미를 보충하는 보어입니다.

6 답 ⑤

㉠, ㉡, ㉢, ㉣은 모두 서술어로, 문장에서 주어의 움직임 또는 상태나 성질을 풀이합니다. ㉤은 목적어로 서술어 '달겠다고'가 풀이하는 대상이 됩니다.

> **오답 풀이**
> ① ㉠ '고민했다'는 주어 '쥐들이'의 움직임을 풀이하는 문장 성분인 서술어입니다.
> ② ㉡ '달아요'는 문장 속의 생략된 주어인 '우리가'의 움직임을 풀이하는 문장 성분인 서술어입니다.
> ③ ㉢ '말했다'는 주어 '한 쥐가'의 움직임을 풀이하는 문장 성분인 서술어입니다.
> ④ ㉣ '좋아했다'는 주어 '모두가'의 움직임을 풀이하는 문장 성분인 서술어입니다.

7 답 (1) 목적어, 도끼를 등   (2) 보어, 도끼가 등

   (3) 서술어, 도끼입니다 등

(1) '네가'는 주어, '연못에'는 부사어, '빠뜨렸느냐'는 서술어입니다. 빈칸에 들어갈 문장 성분은 목적어이므로 '도끼'에 조사 '을/를'을 붙여 '도끼를'과 같이 쓰는 것이 알맞습니다.
(2) '그 도끼는'은 주어, '아닙니다'는 서술어입니다. 빈칸에 들어갈 문장 성분은 '서술어 되다/아니다' 앞에서 서술어의 의미를 보충해 주는 문장 성분인 보어이므로 '도끼'에 조사 '이/가'를 붙여 '도끼가'와 같이 쓰는 것이 알맞습니다.
(3) '그 도끼가'는 주어, '제'는 빈칸에 들어갈 말을 꾸며 주는 관형사입니다. 빈칸에 들어갈 문장 성분은 '누가/무엇이＋누구/무엇이다' 형태의 서술어이므로 '도끼'에 조사 '이다'를 붙여 '도끼입니다'와 같이 쓰는 것이 알맞습니다.

05 관형어   78~79 쪽

1 (1) 있다 (2) 누구의 (3) 체언 (4) 의 (5) 나의
2 ㉠

---

1 답 (1) 있다 (2) 누구의 (3) 체언 (4) 의 (5) 나의

(1) 관형사 그 자체가 관형어가 되어 체언을 꾸밀 수 있습니다. "나는 새 옷을 샀다."라는 문장에서 '새'와 "한 사람도 오지 않았다."라는 문장에서 '한'이 관형사 그 자체로 관형어가 된 예입니다. '새 옷'의 '새'는 체언 '옷'을 꾸미고, '한 사람'의 '한'은 체언 '사람'을 꾸며 줍니다.

(2) 관형어는 문장에서 '누구의/무엇의'이나 '어떤'의 형태로 나타납니다. 목적어는 문장에서 '누구를/무엇을'의 형태로 나타납니다.

(3) 문장에서 체언을 꾸며 주는 문장 성분은 관형어입니다. 문장에서 용언을 꾸며 주는 문장 성분은 부사어입니다.

(4) 관형어는 체언에 조사 '의'가 붙어 '누구의/무엇의'의 형태로 나타납니다.

(5) 문장에서 '누구의'에 해당하는 '나의'가 관형어입니다.

2 답 ㉠

㉠ '새 옷'의 '새'는 관형사 자체로 체언 '옷'을 꾸미는 관형어입니다.

> **오답 풀이**
> ㉡ '현주의 얼굴'에서 '현주의'는 체언+조사 '의'의 형태로 체언 '얼굴'을 꾸며 주는 관형어입니다.
> ㉢ '예쁜 개나리'에서 '예쁜'은 용언의 어간 '예쁘-'+어미 '-ㄴ'의 형태로 체언 '개나리'를 꾸며 주는 관형어입니다.
> ㉣ '먹는 친구들이'에서 '먹는'은 용언의 어간 '먹-'+어미 '-는'의 형태로 체언 '친구들'을 꾸며 주는 관형어입니다.

> **이렇게 설명해 주세요**
>
> 관형어는 체언 앞에서 그 체언의 뜻을 꾸며 주는 문장 성분이에요. '새 옷'에서 '새', '헌 옷'에서 '헌'이 관형어이죠. 하지만 관형어는 문장을 만드는 데 꼭 필요한 주성분이 아니라, 주성분의 내용을 꾸며 뜻을 더해 주는 부속 성분이기 때문에 생략해도 문장의 의미가 변하지는 않아요. "도현이가 자는 아이를 깨웠다."라는 문장에서 관형어 '자는'이 생략되어도 문장은 성립하는 것처럼요. '나의 얼굴'에서 '나의', '마을의 풍경'에서 '마을의'처럼 체언에 관형격 조사 '의'가 붙은 형태도 관형어라는 것을 잊지 마세요.

---

06 부사어   80~81 쪽

1 (1) ○ (2) × (3) ○ (4) ○
2 (1) 높이 (2) 깊게 (3) 서점에서 (4) 동생과

---

1 답 (1) ○ (2) × (3) ○ (4) ○

(1) 부사어는 부사와 마찬가지로 문장의 한 성분이나 문장 전체를 꾸밉니다.

(2) 부사어는 용언뿐만 아니라 다른 부사어, 관형어, 문장 전체를 꾸며 주기도 합니다.

(3) 부사어는 문장에서 '얼마나, 어떻게, 언제, 어디에, 어디에서' 등에 해당하는 말입니다.

(4) 부사어는 관형어와 함께 부속 성분에 속해 다른 문장 성분의 내용을 꾸며 뜻을 분명하게 합니다.

2 답 (1) 높이 (2) 깊게 (3) 서점에서 (4) 동생과

(1) '높이 날았다'에서 '높이'는 부사 그 자체로 용언 '날았다'를 꾸며 주는 부사어입니다. 문장에서 '어떻게'에 해당하는 말입니다.

(2) '깊게 파였다'에서 '깊게'는 용언 '깊-'+'어미 -게'의 형태로 용언 '파였다'를 꾸며 주는 부사어입니다. 문장에서 '어떻게'에 해당하는 말입니다.

(3) '서점에서 만났다'에서 '서점에서'는 체언 '서점'+부사격 조사 '에서'의 형태로 용언 '만났다'를 꾸며 주는 부사어입니다. 문장에서 '어디에서'에 해당하는 말입니다.

(4) '동생과 성별이 다르다'에서 '동생과'는 체언 '동생'+부사격 조사 '과'의 형태로 용언 '다르다'를 꾸며 주는 부사어입니다. 문장에서 '누구와'에 해당하는 말입니다.

> **이렇게 설명해 주세요**
>
> 부사어는 문장에서 용언인 동사와 형용사를 꾸며 주는 문장 성분입니다. 부사어는 관형어처럼 다른 문장 성분의 내용을 꾸며 뜻을 더해 주는 부속 성분에 속합니다.
> 부사어는 용언뿐만 아니라 다른 부사어, 관형어, 문장 전체를 꾸며 주기도 하는데, 문장에서 '얼마나', '어떻게', '언제', '어디에서' 등에 해당하는 말로 '높이', '일찍', 아침에', '서점에서' '아름답게' 등이 그 예입니다.

07 독립어　82~83 쪽

1 (1) 독립어　(2) 우아　(3) 체언　(4) 독립
　(5) 독립어
2 (1) ⓒ　(2) ㉠　(3) ㉠　(4) ㉡

1 답　(1) 독립어　(2) 우아　(3) 체언　(4) 독립　(5) 독립어

(1) 놀람, 느낌, 부름, 응답 등을 나타내는 감탄사 그 자체가 독립어입니다.
　“아이쿠, 깜짝 놀랐네.”에서 ‘아이쿠’는 놀람을 나타내는 감탄사이고, “우아, 우리가 이겼다!”에서 ‘우아’는 기쁨을 느끼는 감탄사입니다. 또한 “얘, 은행에 다녀올래?”에서 ‘얘’는 부름을 나타내는 감탄사이고, “네, 알겠습니다.”에서 ‘네’는 응답을 나타내는 감탄사입니다.
(2) ‘우아’는 생략해도 “달이 참 밝다!”라는 문장 뜻이 변하지 않습니다. 또한 ‘우아’는 다른 말들과 특별한 관계도 없으므로 독립어입니다.
(3) 체언에 호격 조사 ‘아, 야, (이)여’ 등이 붙은 형태가 독립어로 쓰입니다.
(4) 독립어는 다른 성분과 관계 없는 독립 성분입니다.
(5) 독립어는 다른 문장 성분과 직접적인 관계를 맺지 않습니다.

2 답　(1) ⓒ　(2) ㉠　(3) ㉠　(4) ㉡

(1) ‘꿈’을 강조하기 위해 내세운 제시어입니다.
(2) ‘아이쿠’는 놀람을 나타내는 감탄사입니다.
(3) ‘응’은 응답을 나타내는 감탄사입니다.
(4) ‘서준아’는 체언＋호격 조사 ‘아’의 형태로 쓰인 독립어입니다.

이렇게 설명해 주세요

　독립어는 문장의 다른 성분과 직접적인 관계를 맺지 않고 독립적으로 쓰이는 문장 성분으로 주로 감탄, 부름, 응답 등을 나타내는 말이에요. “앗, 차가워!”의 ‘앗’처럼 감탄사가 그 자체로 독립어가 되기도 하고, “서준아, 너는 어디에 있니?”의 ‘서준아’처럼 체언에 조사가 붙은 형태로 독립어가 되기도 해요. 또 ‘엄마’, ‘여보’ 등과 같이 사람이나 사물을 부르는 말, “꿈, 나도 꿈을 찾을래.”의 ‘꿈’처럼 강조하기 위해 내세운 말도 독립어입니다.

실력 확인하기　84~85 쪽

1 ⑤　**2** (1) ㉡　(2) ㉠　(3) ⓒ　**3** ④　**4** ⑤
5 (1) ㉡　(2) ㉣　(3) ㉠
6 (1) 관형어　(2) 부사어　(3) 독립어
7 (1) 부사어, 매일 등　(2) 독립어, 어머니 등
　(3) 관형어, 노란 등

1 답　⑤

　관형어는 문장에서 체언을 꾸며 주는 문장 성분으로, 체언 앞에 옵니다. 따라서 “동생이 노란 옷을 입고 있다.”와 같이 체언인 ‘옷’ 앞에 관형어가 들어갈 수 있습니다.

오답 풀이
① 빈칸 뒤에 다른 문장 성분이 없으므로 빈칸에 관형어가 들어갈 수 없습니다.
② 빈칸 뒤에 서술어가 있으므로 빈칸에 관형어가 들어갈 수 없습니다.
③ 빈칸 뒤에 반점(,)이 있고 서술어가 이어지므로 빈칸에 관형어가 들어갈 수 없습니다.
④ 빈칸 뒤에 서술어가 있으므로 빈칸에 관형어가 들어갈 수 없습니다.

2 답　(1) ㉡　(2) ㉠　(3) ⓒ

(1) ‘매우 빠르다’에서 ‘매우’는 뒤에 오는 부사어 ‘빨리’를 꾸미는 부사어입니다.
(2) ‘수줍게 웃었다.’에서 ‘수줍게’는 뒤에 오는 용언 ‘웃었다’를 꾸미는 부사어입니다.
(3) ‘과연 그는 정직한 학생이다.’에서 ‘과연’은 뒤에 오는 문장 전체를 꾸미는 부사어입니다.

3 답　④

　“나의 어머니는 나를 사랑하신다.”라는 문장에서 ‘나의’는 관형어, ‘어머니는’은 주어, ‘나를’은 목적어, ‘사랑하신다’는 서술어입니다. 따라서 이 문장에는 부사어가 쓰이지 않았습니다.

오답 풀이
① ‘다행히’는 부사어, ‘옛’은 관형어, ‘친구를’은 목적어, ‘만났다’는 서술어입니다.
② ‘윤주의’는 관형어, ‘얼굴이’는 주어, ‘붉게’는 부사어, ‘물들었다’는 서술어입니다.
③ ‘형주는’은 주어, ‘어려운’은 관형어, ‘문제를’은 목적어, ‘잘’은 부사어, ‘푼다’는 서술어입니다.
⑤ ‘노란’은 관형어, ‘장미꽃으로’는 부사어, ‘화려하게’는 부사어, ‘장식했다’는 서술어입니다.

4 답 ⑤

'확실히'는 부사어입니다. '확실히'라는 부사가 그 자체로 부사어가 된 것으로, 뒤에 오는 문장 전체를 꾸며 줍니다.

> **오답 풀이**
> ① "아, 참 좋다."라는 문장에서 '아'는 감탄을 나타내는 독립어입니다.
> ② "우아, 굉장하다."라는 문장에서 '우아'는 감탄을 나타내는 독립어입니다.
> ③ "자, 이제 시작할까요?"라는 문장에서 '자'는 남에게 어떤 행동을 권하거나 재촉할 때 하는 감탄사로 독립어입니다.
> ④ "신이여, 비를 내려 주세요."라는 문장에서 '신이여'는 체언+호격 조사 '이여'의 형태로 쓰인 독립어입니다.

5 답 (1) ㉡ (2) ㉣ (3) ㉠

㉠ '어머나'는 놀람을 나타내는 감탄사로 독립어, ㉡ '춤추는'은 용언의 어간 '춤추–'에 관형사형 어미 '–는'이 붙은 관형어, ㉢ '소녀가'는 주어, ㉣ '정말'은 용언 '귀엽네'를 꾸며 주는 부사로 부사어, ㉤ '귀엽네'는 서술어입니다.

6 답

독	립	어	관
보	어	부	형
목	사	서	어
어	적	주	술

(1)은 관형어, (2)는 부사어, (3)은 독립어에 대한 설명입니다.

7 답 (1) 부사어, 매일 등 (2) 독립어, 어머니 등
　　　 (3) 관형어, 노란 등

(1) "새 옷을 □□□ 입었다."라는 문장에서 '새 옷을'은 주어이고 '업었다'는 서술어입니다. 용언인 '입었다'를 꾸며 주는 문장 성분은 부사어입니다. 따라서 "새 옷을 매일 입었다."와 같이 쓸 수 있습니다.

(2) "□□□, 저를 낳아 주셔서 감사합니다."라는 문장에서 빈칸 뒤에 반점(,)이 있는 것으로 보아 빈칸에는 독립어가 들어갈 수 있습니다. 따라서 자신을 낳아 준 사람을 뜻하는 '어머니'나 '아버지'를 넣어 "어머니, 저를 낳아 주셔서 감사합니다."와 같이 쓸 수 있습니다.

(3) "빨간 꽃은 장미꽃이고, □□□ 꽃은 들국화이다."라는 문장에서 빈칸에는 체언 '꽃'을 꾸며 주는 관형어가 올 수 있습니다. 따라서 "빨간 꽃은 장미꽃이고, 노란 꽃은 들국화이다."와 같이 쓸 수 있습니다.

---

5 문장의 짜임

01 홀문장과 겹문장　　90~91쪽

1 (1) × (2) × (3) ○ (4) ○
2 (1) 홀 (2) 홀 (3) 겹 (4) 겹

1 답 (1) × (2) × (3) ○ (4) ○

(1) 문장의 길이가 길어도 주어와 서술어가 하나씩 있으면 그 문장은 홀문장입니다.

(2) 겹문장에서 앞 문장과 뒤 문장의 주어가 같을 때에는 보통 뒤 문장의 주어가 자연스럽게 생략됩니다.

(3) 홀문장은 문장에서 주어와 서술어의 관계가 한 번만 나타나는 문장입니다.

(4) 겹문장은 문장에서 주어와 서술어의 관계가 두 번 이상 나타나는 문장입니다.

2 답 (1) 홀 (2) 홀 (3) 겹 (4) 겹

(1) "포수가 공을 받았다."라는 문장에서 주어는 '포수가'이고, 서술어는 '받았다'입니다. 주어와 서술어가 하나씩만 있으므로 이 문장은 홀문장입니다.

(2) "나는 연필을 필통에 넣었다."라는 문장에서 주어는 '나는'이고, 서술어는 '넣었다'입니다. 주어와 서술어가 하나씩만 있으므로 이 문장은 홀문장입니다.

(3) "눈이 많이 내려서 길이 미끄럽다."라는 문장에서 주어는 '눈이'와 '길이'이고, 서술어는 '내려서'와 '미끄럽다'입니다. 주어와 서술어의 관계가 두 번 나타나므로 겹문장입니다.

(4) "민수는 달려서 (민수는) 학교에 빨리 도착했다."라는 문장에서 주어는 '민수는'이고, 서술어는 '달려서'와 '도착했다'입니다. 주어와 서술어의 관계가 두 번 나타나므로 겹문장입니다.

> **이렇게 설명해 주세요**
>
> 겹문장에서 앞 문장과 뒤 문장의 주어가 같을 때에는 보통 뒤 문장의 주어가 자연스럽게 생략되어요. "민수는 달려서 학교에 빨리 도착했다."라는 문장에서도 주어가 하나, 서술어가 두 개 나타나지만 원래는 "민수는 달려서 (민수는) 학교에 빨리 도착했다."라는 문장이에요. 이렇게 앞 문장과 뒤 문장의 주어가 '민수는'으로 같기 때문에 뒤 문장의 주어가 생략되었어요. 따라서 주어와 서술어의 관계를 잘 따져 보아야 해요.

02 이어진문장   92~93 쪽

1 (1) 의미   (2) 이어진문장   (3) 종속적
2 (1) ㉡   (2) ㉡   (3) ㉡   (4) ㉠

1 답 (1) 의미   (2) 이어진문장   (3) 종속적
(1) 대등하게 이어진 문장은 앞뒤 문장의 순서를 바꾸어도 의미가 달라지지 않습니다.
(2) 연결 어미로 둘 이상의 홑문장이 어이진 문장을 이어진문장이라고 합니다.
(3) 종속적으로 이어진 문장은 앞뒤 문장의 순서를 바꾸면 의미가 통하지 않거나 달라집니다.

2 답 (1) ㉡   (2) ㉡   (3) ㉡   (4) ㉠
대등하게 이어진 문장은 둘 이상의 홑문장이 나열, 대조, 선택 등의 의미로 이어진 문장으로, '-고', '-(으)며', '-(으)나', '-거나' 등의 연결 어미를 사용합니다. 종속적으로 이어진 문장은 둘 이상의 홑문장이 원인, 조건, 목적 등의 의미 관계로 이어진 문장으로, '-아서/어서', '-(으)면', '-(으)러' 등의 연결 어미를 사용합니다.
(1) '그는 기분이 좋다.'와 '그는 춤을 췄다.'라는 문장이 어미 '-아서'에 의해 연결된 종속적으로 이어진 문장입니다.
(2) '가을이 되다.'와 '바람이 선선해졌다.'라는 문장이 어미 '-니'에 의해 연결된 종속적으로 이어진 문장입니다.
(3) '나는 건강해지다.'와 '(나는) 매일 운동을 했다.'라는 문장이 어미 '-려고'에 연결된 의해 종속적으로 이어진 문장입니다.
(4) '나는 빵은 먹었다.'와 '(나는) 밥은 먹지 않았다.'라는 문장이 어미 '-지만'에 의해 연결된 대등하게 이어진 문장입니다.

이어진문장은 홑문장들의 의미 관계에 따라 대등하게 이어진 문장과 종속적으로 이어진 문장으로 나눌 수 있어요. 종속적으로 이어진 문장은 앞의 문장과 뒤의 문장의 의미가 독립적이지 못하고 의존적인 관계에 있는 문장으로, 앞뒤 문장이 '원인, 조건, 목적, 양보' 등의 의미 관계를 가져요. 따라서 앞뒤 문장의 순서를 바꾸면 문장이 성립하지 않거나 의미가 달라져서 온전한 문장이 되지 않아요.

03 안은문장과 안긴문장   94~95 쪽

1 (1) 명사절   (2) 안긴문장   (3) 안긴문장
  (4) 안은문장
2 (1) 코가 길다   (2) 숨이 차게   (3) 언니가 온다는
  (4) 자연을 보호해야 한다고

1 답 (1) 명사절   (2) 안긴문장   (3) 안긴문장
  (4) 안은문장
(1) 어미 '-(으)ㅁ'이나 '-기'를 붙이는 절은 명사절입니다.
(2) 안긴문장은 절의 형태로 다른 문장 안에 들어갑니다.
(3) 다른 문장 안에 들어가 하나의 문장 성분처럼 쓰이는 문장은 안긴문장입니다.
(4) '이것은 영화이다.'는 안은문장입니다.

2 답 (1) 코가 길다   (2) 숨이 차게   (3) 언니가 온다는
  (4) 자연을 보호해야 한다고
(1) "코끼리는 코가 길다."라는 문장에서 '코가 길다'는 안긴문장으로, 주어와 서술어로 이루어져 서술어 역할을 하는 서술절입니다.
(2) "우리는 숨이 차게 뛰었다."라는 문장에서 '숨이 차게'는 안긴문장으로, 어미 '-게'가 붙어 용언 '뛰었다'를 꾸미는 부사어의 역할을 하는 부사절입니다.
(3) "나는 언니가 온다는 소식을 들었다."라는 문장에서 '언니가 온다는'은 안긴문장으로, 어미 '-는'이 붙어 체언 '소식'을 꾸미는 관형절입니다.
(4) "선미는 자연을 보호해야 한다고 생각한다."라는 문장에서 '자연을 보호해야 한다고'는 안긴문장으로, 조사 '고'가 붙어 다른 사람의 생각을 인용한 인용절입니다.

명사절은 어미 '-(으)ㅁ, -기'가 결합한 형태로, 조사가 붙기 전 형태임에 유의해야 해요. 다만 문장에서의 역할은 어떤 조사가 결합되었느냐에 따라 달라져요. 예를 들어 "농부는 농사가 잘되기를 바란다."라는 문장에서 '농사가 잘되기'라는 절은 '농사가 잘되다.'라는 문장에 어미 '-기'가 결합한 것으로 명사절이에요. 이러한 명사절 뒤에 조사 '를'이 결합하여 목적어 역할을 하는 것이에요. 마찬가지로 명사절 뒤에 조사 '가'가 결합되면 주어 역할을 해요.

실력 확인하기   **96~97** 쪽

1 (1) ○ (2) × (3) ○   **2** ④
3 (1) ㉡, ㉣ (2) ㉢, ㉤   **4** ⑤
5 ㉠, ㉡, ㉢   **6** ⑤   **7** '–어서', 추워져서

1 답 (1) ○ (2) × (3) ○

(1) '내가 읽던'은 안긴문장으로, 어미 '–던'이 붙어 체언 '책'을 꾸미는 관형절입니다.

(2) "나는 우유를 마셨다."라는 문장에서 주어는 '나는'이고, 서술어는 '마셨다'입니다. 또한 "나는 오늘 아침에 우유를 벌컥벌컥 마셨다."라는 문장에서도 주어는 '나는'이고, 서술어는 '마셨다'입니다. 두 문장은 주어와 서술어의 관계가 한 번만 나타나므로 모두 홑문장입니다.

(3) "비가 내리고 바람이 분다."라는 문장은 어미 '–고'으로 연결된 대등하게 이어진 문장입니다. 또한 "비가 내리거든 빨래를 걷어라."라는 문장은 어미 '–거든'으로 연결된 종속적으로 이어진 문장입니다.

2 답 ④

"아이들이 바다에 풍덩풍덩 뛰어들었다."라는 문장에서 주어는 '아이들이'이고, 서술어는 '뛰어들었다'입니다. 주어와 서술어의 관계가 한 번만 나타나므로 이 문장은 홑문장입니다.

오답 풀이
① "봄이 되면 꽃이 많이 핀다."는 어미 '–면'으로 연결된 '종속적으로 이어진 문장'입니다.
② "날씨가 시원해서 공부가 잘된다."는 어미 '–아서'로 연결된 '종속적으로 이어진 문장'입니다.
③ "바람이 불면 나뭇잎이 흔들린다."는 어미 '–면'으로 연결된 '종속적으로 이어진 문장'입니다.
⑤ "나는 옥수수를 좋아하고 동생은 감자를 좋아한다."는 어미 '–고'로 연결된 '대등하게 이어진 문장'입니다.

3 답 (1) ㉡, ㉣ (2) ㉢, ㉤

"시원한 가을이 오니 코스모스가 활짝 피었다."라는 문장은 "시원한 가을이 오다."라는 홑문장과 "코스모스가 활짝 피었다."라는 홑문장이 합쳐진 겹문장입니다. 또한 이 두 홑문장은 조건을 뜻하는 연결 어미 '–니'로 연결된 종속적으로 이어진 문장입니다. "시원한 가을이 오니"에서 주어는 '가을이'이고, 서술어는 '오니'입니다. "코스모스가 활짝 피었다."에서 주어는 '코스모스가'이고 서술어는 '피었다'입니다.

4 답 ⑤

"파란 가방은 내 것이고 노란 가방은 동생 것이다."라는 문장은 나열을 뜻하는 어미 '–고'로 연결된 '대등하게 이어진 문장'입니다.

오답 풀이
① "부지런히 일하면 성공한다."라는 문장은 어미 '–면'으로 연결된 '종속적으로 이어진 문장'입니다.
② "나는 걸어서 학교에 다닌다."라는 문장은 어미 '–어서'로 연결된 '종속적으로 이어진 문장'입니다.
③ "배가 고파서 라면을 끓여 먹었다."라는 문장은 어미 '–아서'로 연결된 '종속적으로 이어진 문장'입니다.
④ "나는 산책을 하려고 밖으로 나갔다."라는 문장은 어미 '–(으)려고'로 연결된 '종속적으로 이어진 문장'입니다.

5 답 ㉠, ㉡, ㉢

보기 는 '종속적으로 이어진 문장'에 대한 설명입니다. 종속적으로 이어진 문장은 둘 이상의 홑문장이 원인, 조건, 목적 등의 의미 관계로 이어진 문장입니다.
㉠ "겨울이 되니 눈이 온다."는 어미 '–니'로 연결된 '종속적으로 이어진 문장'입니다.
㉡ "날씨가 더워서 땀이 흐른다."는 어미 '–어서'로 연결된 '종속적으로 이어진 문장'입니다.
㉢ "밥을 많이 먹으니까 잠이 온다."는 어미 '–(으)니까'로 연결된 '종속적으로 이어진 문장'입니다.

오답 풀이
㉣ "나는 줄넘기는 잘하지만 훌라후프는 못한다."는 대조를 뜻하는 어미 '–지만'으로 연결된 대등하게 이어진 문장입니다.

6 답 ⑤

"나는 눈이 오기를 기다렸다."라는 문장에서 '눈이 오기'는 안긴문장으로, 어미 '–기'가 붙어 명사처럼 쓰이는 명사절입니다. '눈이 오기'에 조사 '를'이 붙어 문장에서 목적어 역할을 합니다.

오답 풀이
⑤ 다른 사람의 말을 인용한 것은 인용절에 대한 설명입니다.

7 답 '–어서', 추워져서

두 홑문장을 연결하려면 연결 어미가 필요합니다. "날씨가 추워졌다."는 원인이 되고 "따뜻한 옷을 입었다."는 결과가 되는 문장이므로 원인을 나타내는 연결 어미 '–어서'로 이어 주어야 합니다.
따라서 "날씨가 ☐ 따뜻한 옷을 입었다."라는 문장에서 빈칸에 들어갈 말은 '추워졌다'에 연결 어미 '–어서'가 붙은 '추워져서'가 알맞습니다.

6 문장 표현

01 시간 표현   102~103 쪽

1 (1) ○ (2) ○ (3) × (4) × (5) ○
2 (1) 현재 (2) 현재 (3) 과거 (4) 미래 (5) 미래

1 답 (1) ○ (2) ○ (3) × (4) × (5) ○

(3) 사건이 일어난 때와 말하는 때가 같은 시간 표현은 '현재'입니다. 사건이 일어난 때가 말하는 때보다 나중인 시간 표현은 '미래', 사건이 일어난 때가 말하는 때보다 먼저인 시간 표현은 '과거'입니다.

(4) "오늘 공원에 간다."라는 문장에서 현재를 나타내는 표현은 시간을 나타내는 말 '오늘'과 '간다'의 '-ㄴ-'입니다.

2 답 (1) 현재 (2) 현재 (3) 과거 (4) 미래 (5) 미래

(1)과 (2)는 사건이 일어난 때와 말하는 때가 일치하는 현재 표현, (3)는 사건이 일어난 때가 말하는 때보다 먼저인 과거 표현, (4)와 (5)는 사건이 일어난 때가 말하는 때보다 나중인 미래 표현입니다.

(1) '달린다'에서 서술어 '달리-'에 어미 '-ㄴ-'이 붙어 현재를 나타냅니다.

(2) '요즘'이 현재 시간을 나타내는 말이고, 서술어 '웃-'에 어미 '-는-'이 붙어 현재를 나타냅니다.

(3) '어제'가 과거 시간을 나타내는 말이고, 서술어 '먹-'에 어미 '-었-'이 붙어 과거를 나타냅니다.

(4) '다음 주'가 미래 시간을 나타내는 말이고, 서술어 '오-'에 어미 '-겠-'이 붙어 미래를 나타냅니다.

(5) '내일'이 미래 시간을 나타내는 말이고, 서술어 '오-'에 어미 '-(으)ㄹ-'이 붙어 미래를 나타냅니다.

이렇게 설명해 주세요

"너 숙제했어?"와 같은 문장은 과거를 나타내는 표현이기 때문에 '하다'라는 동사에 서술어에 '-았-/-었-' 등의 어미를 붙여 '했다'로 바뀌었어요. 그런데 "지금 하는 중이야."와 같은 문장은 '하다'라는 동사가 '하는'으로 바뀐 것처럼 주로 '-ㄴ-/-는-' 등의 어미를 붙여서 현재 시간을 표현해요. 혹은 "이제 할 거야."라는 문장이라면 '하다'라는 동사가 '할 거야.'로 바뀌었으므로 서술어에 '-(으)ㄹ' 등을 붙여 미래 시간을 표현해요.

02 높임 표현   104~105 쪽

1 (1) 주체 (2) 객체 (3) 상대 (4) 높임
2 (1) ㄴ (2) ㄱ (3) ㄷ (4) ㄴ

1 답 (1) 주체 (2) 객체 (3) 상대 (4) 높임

(1) 문장의 주어를 높이는 표현은 '주체 높임법'입니다.

(2) 서술의 대상인 문장의 목적어나 부사어를 높이는 표현은 '객체 높임법'입니다.

(3) 말하는 사람이 듣는 사람에 따라 말을 높이거나 낮추는 표현은 '상대 높임법'입니다.

(4) 말하는 사람이 어떤 대상에 대하여 높고 낮음을 나타내는 표현은 '높임 표현'입니다.

2 답 (1) ㄴ (2) ㄱ (3) ㄷ (4) ㄴ

(1) "엄마 이게 좋아요."는 말하는 사람이 듣는 사람인 '엄마'를 높이는 상대 높임법으로, 서술어 '좋-＋-아-'에 '-요'가 붙어 높임을 표현하였습니다.

(2) "삼촌께서 과일을 드신다."는 서술의 주체인 '삼촌'을 높이는 주체 높임법으로, 높임의 대상에 조사 '께서'를 사용하고, 서술어 '먹다'의 높임말인 '들다'에 어미 '-시-'가 붙어 높임을 표현하였습니다.

(3) "나는 어머니께 꽃을 드렸다."는 부사어가 지시하는 대상인 '어머니'를 높이는 객체 높임법으로, 높임의 대상에 조사 '께'를 사용하였고, 높임을 나타내는 말 '드리다'를 사용하여 높임을 표현하였습니다.

(4) "얘, 더 늦기 전에 어서 씻어라."는 말하는 사람이 듣는 사람인 "얘"를 낮추는 상대 높임법으로, 서술어 '씻-'에 '-어라'가 붙어 낮춤을 표현하였습니다.

이렇게 설명해 주세요

높임법은 말하는 사람이 높이려는 대상이 누구인지에 따라 주체 높임법, 객체 높임법, 상대 높임법으로 구분해요. 주체 높임법은 주어가 나타내는 대상인 주체를 높이는 것이고, 객체 높임법은 문장의 목적어나 부사어가 나타내는 대상인 객체를 높이는 것이며, 상대 높임법은 대화의 상대인 듣는 사람을 높이거나 낮추는 것이에요. 이때 상대 높임법에서 대화의 상대인 듣는 사람을 낮추는 것도 높임법에 포함된다는 사실을 기억해 두세요.

03 부정 표현   106~107 쪽

1 (1) 못   (2) 안   (3) 명령   (4) 부정

2 (1) ㉡, ㉢   (2) ㉣   (3) ㉠

---

1 답 (1) 못   (2) 안   (3) 명령   (4) 부정

(1) 주어의 능력 부족에 의한 부정을 표현하는 것은 '못' 부정입니다.

(2) 서술어 앞에 '안'을 쓰면 단순히 그렇지 않거나 하기 싫음을 나타내는 '안' 부정입니다. "오늘은 안 춥다."라는 문장은 단순히 그렇지 않음을 나타내는 '안' 부정입니다.

(3) 서술어에 '-지 마/마라'가 붙은 부정은 어떤 행동을 그만 두라는 명령의 의미를 나타내는 '말다' 부정입니다.

(4) 어떤 사실에 대해 부정의 뜻을 나타내는 표현을 부정 표현이라고 합니다. 부정 표현은 의미에 따라 '안' 부정, '못' 부정, '말다' 부정이 있습니다.

2 답 (1) ㉡, ㉢   (2) ㉣   (3) ㉠

㉠ "너무 걱정하지 마라."는 서술어 '걱정하-'에 '-지 마라'가 붙은 형태로 '말다' 부정입니다.

㉡ "지호는 병원에 안 갔다."는 '안'에 서술어 '갔다'가 붙은 형태로 '안' 부정입니다.

㉢ "나는 과일은 안 먹을래."는 '안'에 서술어 '먹을래'가 붙은 형태로 '안' 부정입니다.

㉣ "나는 몸치라서 춤을 추지 못한다."는 서술어 '추-'에 '-지 못한다'가 붙은 형태로 '못' 부정입니다.

실력 확인하기   108~109 쪽

1 ①   **2** ②, ⑤   **3** ②   **4** ⑤   **5** ②   **6** ①

7 (1) '말다' 부정, 말자   (2) '안' 부정, 안

   (3) '못' 부정, 못

---

1 답 ①

㉠의 빈칸에는 '어제'나 '작년에'와 같이 과거를 나타내는 시간 표현이, ㉡에는 부모님을 높이는 객체 높임 표현 '께'가, ㉢에는 보지 않겠다는 의지를 나타내는 '안'이 들어가야 합니다.

2 답 ②, ⑤

'어제'와 '머물렀다(머무르-+-었-+다)'가 과거의 시간 표현을 나타냅니다.

3 답 ②

②의 '자는'은 서술어 '자-'에 '-는'이 붙어 현재를 나타냅니다.

> **오답 풀이**
> ① '없던데'는 서술어 '없-'에 '-더-'가 붙어 과거를 나타냅니다.
> ③ '입장하실'은 서술어 '입장하시-'에 '-ㄹ'이 붙어 미래를 나타냅니다.
> ④ '떠난'은 서술어 '떠나-'에 '-ㄴ'이 붙어 과거를 나타냅니다.
> ⑤ '오르겠습니다'는 서술어 '오르-'에 '-겠-'이 붙어 미래를 나타냅니다.

4 답 ⑤

⑤는 주어인 '선생님'을 높이는 주체 높임법이 쓰인 문장입니다. '께서'와 '말씀하실(말씀하-+-시-+-ㄹ')에 높임법이 쓰였습니다.

> **오답 풀이**
> ① "아빠 저는 먼저 자요."는 말하는 사람이 듣는 사람을 높이는 상대 높임법이 쓰인 문장입니다. '자요(자-+-요)'에 높임법이 쓰였습니다.
> ② "잠깐만 여기에서 기다리게."는 말하는 사람이 듣는 사람을 낮추는 상대 높임법이 쓰인 문장입니다. '기다리게(기다리-+-게)'에 높임법이 쓰였습니다.
> ③ "모두 부모님께 편지를 쓰면 좋겠어."는 문장의 부사어가 나타내는 대상인 '부모님'을 높이는 객체 높임법이 쓰인 문장입니다. '부모님께(부모님+께)'에 높임법이 쓰였습니다. 또한 '좋겠어(좋겠-+-어)'에는 상대 높임법이 쓰였습니다.
> ④ "나는 어제 할아버지를 뵙고 인사드렸다."는 문장의 목적어가 나타내는 대상인 '할아버지'를 높이는 객체 높임법이 쓰인 문장입니다. 높임을 나타내는 말 '뵙다'와 '인사드리다'에 높임법이 쓰였습니다.

5 답 ②

주어진 문장은 높임의 대상에 조사 '께'를 사용하여 객체인 아주머니를 높이는 객체 높임법을 사용하였습니다. ②도 객체인 할아버지를 높여 조사 '께'를 사용하고, '주다'의 높임말 '드리다'를 사용하였으므로 객체 높임법을 사용하였습니다.

오답 풀이
① 조사 '께서'와 서술어 '가-'에 '-시-'가 붙어 어머니를 높이는 주체 높임법을 사용하였습니다.
③ 조사 '께서'와 서술어 '자다'의 높임말 '주무시다'를 사용하였으므로 주체 높임법을 사용하였습니다.
④ 말하는 사람이 듣는 사람을 높여서 표현하는 상대 높임법을 사용하였습니다.
⑤ 말하는 사람이 듣는 사람인 손님을 높여서 표현하는 상대 높임법을 사용하였습니다.

6 답 ①

① '맑지 않았다'는 서술어 '맑-'에 '-지 않았다'가 붙은 형태로 '안' 부정입니다. 나머지는 모두 '못'에 서술어가 붙은 형태이거나 서술어에 '-지 못하다'가 붙은 형태로 '못' 부정입니다.

오답 풀이
② '못 말린다'는 '못'+서술어 '말린다'가 붙은 형태로 '못' 부정입니다.
③ '가지 못했다'는 서술어 '가-'에 '-지 못했다'가 붙은 형태로 '못' 부정입니다.
④ '못 잤다'는 '못'+서술어 '잤다'가 붙은 형태로 '못' 부정입니다.
⑤ '챙기지 못했다'는 서술어 '챙기-'에 '-지 못했다'가 붙은 형태로 '못' 부정입니다.

7 답 (1) '말다' 부정, 말자 (2) '안' 부정, 안
    (3) '못' 부정, 못

(1) 말하는 사람이 듣는 사람에게 같이 행동을 하자고 요청하는 청유문이므로 '-지 말자'를 쓰는 것이 알맞습니다. 따라서 "우리 앞으로 싸우지 [　　]."라는 문장의 빈칸에는 '말자'를 써야 합니다.
(2) 주어 '나'의 의지에 의한 부정이므로 '안'을 쓰는 것이 알맞습니다. 따라서 "나는 공부하기 싫어서 숙제를 [　　] 했다."라는 문장의 빈칸에는 '안'을 써야 합니다.
(3) 의지가 아닌 감기라는 다른 원인에 의한 부정이므로 '못'을 쓰는 것이 알맞습니다. 따라서 "감기에 걸려서 친구의 생일 잔치에 [　　] 갔다."라는 문장의 빈칸에는 '못'을 써야 합니다.

04 종결 표현 110~111 쪽

1 (1) ✕ (2) ◯ **2** (2) ◯
3 (1) ㉡ (2) ㉣ (3) ㉢ (4) ㉠

1 답 (1) ✕ (2) ◯

문장을 끝맺는 종결 표현은 '-다, -니, -아라, -자, -구나' 등으로 용언의 어간 뒤에 붙습니다.

2 답 (2) ◯

말하는 사람이 듣는 사람에게 함께 행동할 것을 요청하는 문장은 청유문입니다. 청유문은 용언의 어간 뒤에 '-자'나 '-ㅂ시다'가 쓰여 "함께 쓰레기를 줍자." 나 "도서관에서 조용히 합시다." 등과 같은 형태로 씁니다.

3 답 (1) ㉡ (2) ㉣ (3) ㉢ (4) ㉠

(1) "손을 깨끗이 씻어라."에서 '-어라'는 말하는 사람이 듣는 사람에게 어떤 행동을 시키거나 요구하는 명령문을 만드는 종결 표현입니다.
(2) "도서관에서 조용히 합시다"에서 '-ㅂ시다'는 말하는 사람이 듣는 사람에게 함께 행동할 것을 요청하는 청유문을 만드는 종결 표현입니다.
(3) "지난 주말에 무엇을 했니?"에서 '-니'는 말하는 사람이 듣는 사람에게 질문하며 대답을 요구하는 의문문을 만드는 종결 표현입니다.
(4) "선생님께 인사를 했습니다."에서 '-ㅂ니다'는 말하는 사람이 어떤 사실이나 생각을 단순히 전달하는 평서문을 만드는 종결 표현입니다.

이렇게 설명해 주세요

문장의 의미가 비슷해도 종결 표현에 따라 전달되는 느낌은 달라질 수 있어요. "문 좀 닫아."와 같은 명령문은 말하는 사람의 표현 의도를 직접적으로 전달할 수 있지만 잘못 사용하면 상대방과 갈등을 불러일으킬 수 있어요. 그러나 "문 좀 닫아 주겠니?"와 같은 의문문이나 "문 좀 닫아 주자."와 같은 청유문은 상대방의 기분을 배려하면서 부드러운 말투로 상대방에게 간접적으로 요청할 수 있어요.

05 피동 표현과 사동 표현 — 112~113쪽

1 (1) '-우-' (2) '-게 되다' (3) 피동 (4) 사동

2 (1) 피동 (2) 피동 (3) 사동 (4) 사동

1 답 (1) '-우-' (2) '-게 되다' (3) 피동 (4) 사동

(1) 사동 표현은 '-이-', '-히-', '-리-', '-기-', '-우-', '-구-', '-추-', '-게 하다'를 사용해 만듭니다.

(2) 피동 표현은 '-이-', '-히-', '-리-', '-기-', '-어지다', '-게 되다'를 사용해 만듭니다.

(3) 피동 표현은 주어가 다른 힘에 의해 동작을 당하는 것을 나타내는 표현입니다.

(4) 사동 표현은 주어가 다른 대상에게 어떤 동작을 하도록 시키는 것을 나타내는 표현입니다.

2 답 (1) 피동 (2) 피동 (3) 사동 (4) 사동

(1) '쏘이다'는 '쏘-＋-이-＋-다'로 피동을 나타내는 '-이-'가 붙은 형태입니다. 이는 동생이 벌이 쏘는 동작을 당하는 것을 나타내는 피동 표현입니다.

(2) '안기다'는 '안-＋-기-＋-다'로 피동을 나타내는 '-기-'가 붙은 형태입니다. 이는 아기가 엄마가 안는 동작을 당하는 것을 나타내는 피동 표현입니다.

(3) '기다리게 하다'는 '기다리-＋-게 하다'로 사동을 나타내는 '-게 하다'가 붙은 형태입니다. 이는 친구가 나를 기다리게 시키는 것을 나타내는 사동 표현입니다.

(4) '날리다'는 '날-＋-리-＋-다'로 사동을 나타내는 '-리-'가 붙은 형태입니다. 이는 아이들이 종이비행기가 날도록 시키는 것을 나타내는 사동 표현입니다.

06 문장의 호응 — 114~115쪽

1 (1) × (2) ○ (3) × (4) ○ (5) ○

2 (1) 내리고 (2) 먹지 않았다 (3) 못할 것이다 (4) 먹고

1 답 (1) × (2) ○ (3) × (4) ○ (5) ○

(1) 문장에서 부사어 '마치'는 서술어 '같다'와 어울려 쓰입니다. "그녀의 목소리는 마치 천상에서 울리는 음악 소리 같다."가 바로 그 예입니다.

(2) 문장에서 부사어 '왜냐하면'은 서술어 '때문이다'와 어울려 쓰입니다. "고운 말을 쓰는 사람은 마음씨와 몸가짐도 곱다. 왜냐하면 고운 말은 고운 마음씨에서 싹트기 때문이다."가 바로 그 예입니다.

(3) 자연스러운 문장이 되려면 주어와 서술어뿐만 아니라, 목적어와 서술어, 부사어와 서술어의 호응도 잘 맞아야 합니다.

(4) 문장에서 앞에 어떤 말이 오고 짝인 말이 뒤따라오는 것을 문장의 호응이라고 합니다.

(5) 문장의 호응이 되지 않으면 문장이 어색해지거나, 전달하려는 뜻이 잘못 전달될 수 있습니다. 따라서 문장의 호응을 잘 맞추어 문장을 써야 합니다.

2 답 (1) 내리고 (2) 먹지 않았다 (3) 못할 것이다 (4) 먹고

(1) 주어 '비가'는 서술어 '불고'와 호응하지 않습니다. '비가'는 서술어 '내리고'와 호응합니다.

(2) 부사어 '전혀'는 부정을 나타내는 서술어 '않다'와 호응합니다.

(3) 부사어 '아마'는 뒤에 추측을 나타내는 서술어 '-ㄹ 것이다'와 호응합니다.

(4) 목적어 '과자를'은 서술어 '마시고'와 호응하지 않습니다. '과자를'은 서술어 '먹고'와 호응합니다.

<table>
<tr><td colspan="2">실력 확인하기</td><td>116~117쪽</td></tr>
</table>

1 (1) ○　(2) ×　(3) ○　**2** ①

3 ②　**4** ③　**5** (3) ○　**6** ③, ⑤

7 (1) 예 열었니　(2) 예 열어라　(3) 예 열자

---

1 답 (1) ○　(2) ×　(3) ○

(2) 평서문에는 '-다', '-네', '-ㅂ니다'를 씁니다. '-자'를 쓰면 청유문이 됩니다.

2 답 ①

"밥을 먹었습니다."는 종결 표현 '-다'가 붙어 말하는 사람이 어떤 사실이나 생각을 전달하는 평서문입니다.

> **오답 풀이**
> ② "큰 소리로 노래 불러라."는 종결 표현 '-어라'가 붙어 말하는 사람이 듣는 사람에게 어떤 행동을 시키거나 요구하는 명령문입니다.
> ③ "너는 백조를 본 적이 있니?"는 종결 표현 '-니'가 붙어 말하는 사람이 듣는 사람에게 질문하며 대답을 요구하는 의문문입니다.
> ④ "가을 하늘이 정말 푸르구나!"는 종결 표현 '-구나'가 붙어 말하는 사람이 자신의 느낌을 나타내는 감탄문입니다.
> ⑤ "우리 학교 교실에서 책을 읽자."는 종결 표현 '-자'가 붙어 말하는 사람이 듣는 사람에게 함께 행동할 것을 요청하는 청유문입니다.

3 답 ②

"잔디가 아이들 발에 밟히다."에서 '밟히다'는 '밟-+-히-+-다'로 피동을 나타내는 '-히-'가 붙은 형태입니다. 이는 잔디가 밟는 동작을 당하는 것을 나타내는 피동 표현입니다.

> **오답 풀이**
> ① "엄마가 형에게 옷을 입히다."에서 '입히다'는 '입-+-히-+-다'로 사동을 나타내는 '-히-'가 붙은 형태입니다. 이는 엄마가 형에게 옷을 입는 동작을 시키는 것을 나타내는 사동 표현입니다.
> ③ "아빠가 동생을 잠에서 깨우다."에서 '깨우다'는 '깨-+-우-+-다'로 사동을 나타내는 '-우-'가 붙은 형태입니다. 이는 아빠가 동생을 잠에서 깨게 시키는 것을 나타내는 사동 표현입니다.
> ④ "친구가 에어컨의 온도를 낮추다."에서 '낮추다'는 '낮-+-추-+-다'로 사동을 나타내는 '-추-'가 붙은 형태입니다. 이는 에어컨의 온도가 낮아지게 시키는 것을 나타내는 사동 표현입니다.
> ⑤ "선생님께서는 우리가 서로를 바라보게 하셨다."에서 '바라보게 하셨다'는 '바라보-+-게 하셨다'로 사동을 나타내는 '-게 하다'가 붙은 형태입니다. 이는 바라보게 시키는 것을 나타내는 사동 표현입니다.

4 답 ③

'얼리다'는 주어('사람들이')가 다른 대상('얼음')에게 얼도록 동작을 시키는 사동 표현입니다. 사동 표현은 동사에 '-이-', '-하-', '-리-', '-기-', '-우-', '-구-', '-추-', '-게 하다'가 붙어 만들어집니다. ③의 "친구가 나를 웃게 하다."에서 '웃게 하다'는 '웃-+-게 하다'로 사동을 나타내는 '-게 하다'가 붙은 형태입니다. 이는 웃게 시키는 것을 나타내는 사동 표현입니다.

> **오답 풀이**
> ① '꺾이다'는 '꺾-+-이-+-다'로 피동을 나타내는 '-이-'가 붙은 형태입니다. 이는 꺾는 동작을 당하는 것을 나타내는 피동 표현입니다.
> ② '안기다'는 '안-+-기-+-다'로 피동을 나타내는 '-기-'가 붙은 형태입니다. 이는 안는 동작을 당하는 것을 나타내는 피동 표현입니다.
> ④ '쫓기다'는 '쫓-+-기-+-다'로 피동을 나타내는 '-기-'가 붙은 형태입니다. 이는 쫓는 동작을 당하는 것을 나타내는 피동 표현입니다.
> ⑤ '물리다'는 '물-+-리-+-다'로 피동을 나타내는 '-리-'가 붙은 형태입니다. 이는 무는 동작을 당하는 것을 나타내는 피동 표현입니다.

5 답 (3) ○

목적어 '노래와'와 서술어 '추었다'가 호응하지 않는 문장입니다. '동생은 기분이 좋아서 노래를 부르고, 춤을 추었다.'와 같이 고쳐야 합니다.

6 답 ③, ⑤

③의 부사어 '별로'는 부정을 뜻하는 서술어 '없다/않다'와 호응하므로 "나는 피망을 별로 좋아하지 않는다."와 같이 고쳐야 합니다. ⑤의 주어 '독수리와'는 서술어 '달린다'가 아닌 '날다'와 호응하므로 "독수리가 하늘을 날고, 사자가 초원을 달린다."와 같이 고쳐야 합니다.

> **오답 풀이**
> ① 주어 '비가'는 서술어 '분다'와 호응하지 않고 '내리다'와 호응하므로 "비가 내리고, 바람도 분다."와 같이 고쳐야 합니다.
> ② 부사어 '아마'는 뒤에 추측을 나타내는 서술어 '-ㄹ 것이다'와 호응하므로 "아마 동생은 자고 있을 것이다."와 같이 고쳐야 합니다.
> ④ 부사어 '마치'는 서술어 '같다'와 호응하므로 "잠든 아기의 얼굴이 마치 천사 같다."와 같이 고쳐야 합니다.

7 답 (1) 예 열었니　(2) 예 열어라　(3) 예 열자

(1) 의문문으로 바꾸려면 '열다'의 어간에 '-니', '-냐', '-ㅂ니까' 등이 붙어야 합니다. (2) 명령문으로 바꾸려면 '열다'의 어간에 '-아라/어라', '-ㅂ시오' 등이 붙어야 합니다. (3) 청유문으로 바꾸려면 '열다'의 어간에 '-자', '-ㅂ시다' 등이 붙어야 합니다.

7 음운과 음절

01 음운과 음절　　122~123 쪽

1 (1) 길이　(2) 모음　(3) 음운　(4) 음절
2 (1) ㉡　(2) ㉠
3 자음, 모음

---

1 답　(1) 길이　(2) 모음　(3) 음운　(4) 음절

(1) 발음할 때 소리를 길게 내는지 짧게 내는지에 따라 말의 뜻이 구별되는 경우가 있기 때문에 소리의 길이도 음운에 속합니다.
(2) 모음은 혼자서도 음절이 될 수 있지만, 자음은 모음이 있어야 합니다.
(3) 자음, 모음처럼 말의 뜻을 구별해 주는 소리의 가장 작은 단위를 음운이라고 합니다.
(4) 발음할 때 한 번에 낼 수 있는 소리의 단위를 음절이라고 합니다. 자음과 모음 같은 음운이 모이면 음절이 됩니다.

2 답　(1) ㉡　(2) ㉠

(1) ‘강 – 공’은 가운뎃소리인 모음 ‘ㅏ’와 ‘ㅗ’로 단어의 뜻이 구별됩니다.
(2) ‘벽 – 별’은 끝소리인 자음 ‘ㄱ’과 ‘ㄹ’로 단어의 뜻이 구별됩니다.

3 답　자음, 모음

‘산’은 자음 ‘ㅅ’+모음 ‘ㅏ’+자음 ‘ㄴ’으로 이루어졌습니다.

02 자음　　124~125 쪽

1 (1) ×　(2) ○　(3) ×　(4) ○
2 (1) ㉢　(2) ㉡　(3) ㉣　(4) ㉠　(5) ㉤

---

1 답　(1) ×　(2) ○　(3) ×　(4) ○

(1) 혀끝이 윗잇몸에 닿으면서 나는 소리는 잇몸소리입니다.
(2) 입술이나 입천장, 목청 등 목 안이나 입안에서 방해를 받고 나는 소리를 자음이라고 합니다.
(3) 자음은 소리의 세기에 따라 예사소리, 된소리, 거센소리로 나눕니다. 자음을 소리 내는 방법에 따라 분류하면 파열음, 마찰음, 파찰음, 비음, 유음으로 나눕니다.
(4) 파찰음 ‘ㅈ, ㅉ, ㅊ’에 대한 설명입니다.

2 답　(1) ㉢　(2) ㉡　(3) ㉣　(4) ㉠　(5) ㉤

(1) ‘ㄹ’은 유음입니다. 유음은 혀끝을 잇몸에 가볍게 대었다가 떼거나, 혀끝을 잇몸에 대고 그 양옆으로 공기를 흘려 보내면서 내는 소리입니다.
(2) ‘ㅅ, ㅆ, ㅎ’은 마찰음입니다. 마찰음은 입안이나 목청 사이의 통로를 좁히고 그 틈 사이로 공기를 내보내어 마찰을 일으키면서 내는 소리입니다.
(3) ‘ㄴ, ㅁ, ㅇ’은 비음입니다. 비음은 입안의 통로를 막고 코로 공기를 내보내면서 내는 소리입니다.
(4) ‘ㄱ, ㄲ, ㅋ’은 파열음입니다. 공기의 흐름을 막았다가 터뜨리면서 내는 소리입니다. 이외에 ‘ㄷ, ㄸ, ㅌ, ㅂ, ㅃ, ㅍ’도 있습니다.
(5) ‘ㅈ, ㅉ, ㅊ’은 파찰음입니다. 공기의 흐름을 막았다가 터뜨리면서 마찰을 일으켜 내는 소리입니다.

03 모음 126~127 쪽

1 (1) 단모음 (2) 높여 (3) 받지 않고 (4) 평순 모음
2 (1) ㉢ (2) ㉠ (3) ㉡

1 답 (1) 단모음 (2) 높여 (3) 받지 않고 (4) 평순 모음
(1) 단모음은 소리를 낼 때 입술이나 혀가 움직이지 않고, 이중 모음은 움직입니다.
(2) 'ㅣ'는 고모음으로 입을 조금 벌리고 혀의 위치를 높여 소리를 냅니다.
(3) 모음은 자음과 달리 목 안이나 입안에서 방해를 받지 않고 나는 소리입니다.
(4) 단모음은 입술을 둥글게 오므리는 원순 모음과 입술을 평평하게 하는 평순 모음으로 구분합니다.

2 답 (1) ㉢ (2) ㉠ (3) ㉡
(1) 단모음은 소리 낼 때 혀의 최고점 위치가 앞쪽에 있는 전설 모음과 뒤쪽에 있는 후설 모음으로 나눕니다.
(2) 단모음은 소리 낼 때 입술을 둥글게 오므려 소리 내는 원순 모음과 그렇지 않은 평순 모음으로 나눕니다.
(3) 단모음은 소리 낼 때 혀의 높이가 높은 고모음, 혀의 높이가 중간인 중모음, 혀의 높이가 낮은 저모음으로 나눕니다.

혀의 최고점 위치	전설 모음		후설 모음	
입술 모양 혀의 높이	평순 모음	원순 모음	평순 모음	원순 모음
고모음	ㅣ	ㅟ	ㅡ	ㅜ
중모음	ㅔ	ㅚ	ㅓ	ㅗ
저모음	ㅐ		ㅏ	

이렇게 설명해 주세요

'ㅐ'와 'ㅔ'는 모두 입을 평평하게 한 상태에서 혀를 앞에 두고 발음하는 소리예요. 이 둘의 차이는 단지 혀의 높이밖에 없어요. 이에 많은 사람들이 'ㅐ'와 'ㅔ'를 구별하여 발음하지 못하는 거예요. 그러나 'ㅔ'는 중모음이고, 'ㅐ'는 저모음이에요. 따라서 'ㅐ'를 발음할 때에는 'ㅔ'를 발음할 때보다 입을 더 벌리고 소리를 내야 해요.

실력 확인하기 128~129 쪽

1 (1) 3, 1 (2) 6, 2 **2** ①, ③ **3** ④
4 ① **5** (1) ㉡ (2) ㉠ **6** ⑤
7 (1) 발, 발 (2) 돌, 돌 (3) 닻, 닻

1 답 (1) 3, 1 (2) 6, 2
음운은 자음과 모음의 개수를, 음절은 소리 나는 글자의 수를 세어 봅니다.
(1) '손'은 자음과 모음의 개수를 세어 보면 'ㅅ', 'ㅗ', 'ㄴ' 3개의 음운으로 이루어졌습니다. 또한 소리 나는 글자가 '손'으로 1개의 음절로 이루어졌습니다.

손[손]: ㅅ + ㅗ + ㄴ
1음절　자음　모음　자음

(2) '신발'은 자음과 모음의 개수를 세어 보면 'ㅅ', 'ㅣ', 'ㄴ', 'ㅂ', 'ㅏ', 'ㄹ' 6개의 음운으로 이루어졌습니다. 또한 소리 나는 글자가 '신', '발'로 2개의 음절로 이루어졌습니다.

신발[신발]: ㅅ + ㅣ + ㄴ + ㅂ + ㅏ + ㄹ
2음절　자음　모음　자음　자음　모음　자음

2 답 ①, ③
'고리'의 음운은 'ㄱ, ㅗ, ㄹ, ㅣ'이고 '소리'의 음운은 'ㅅ, ㅗ, ㄹ, ㅣ'입니다. 이 중에서 중복되지 않아 두 단어 '고리'와 '소리'의 뜻을 구별해 주는 음운은 자음 'ㄱ'과 'ㅅ'입니다.

3 답 ④
'열'의 첫소리 'ㅇ'은 소릿값이 없으므로 모음 'ㅕ'와 자음 'ㄹ'로 이루어진 단어입니다. 'ㅏ, ㅑ, ㅓ' 등의 모음은 혼자 있으면 글자의 모양이 갖추어지지 않아서 앞에 'ㅇ'를 붙여 씁니다. 이때 '아'와 'ㅏ'를 발음하면 소리가 똑같기 때문에 'ㅇ'은 소릿값이 없다고 여깁니다.

오답 풀이
① '가'는 'ㄱ'+'ㅏ'로 '자음+모음'의 형태로 이루어진 음절입니다.
② '오'는 첫소리의 'ㅇ'이 소릿값이 없으므로 모음 'ㅗ'로만 이루어진 음절입니다.
③ '눈'은 'ㄴ'+'ㅜ'+'ㄴ'으로 '자음+모음+자음'의 형태로 이루어진 음절입니다.
⑤ '흙'은 'ㅎ'+'ㅡ'+'ㄺ'으로 '자음+모음+자음'의 형태로 이루어진 음절입니다.

4 답 ①

두 입술이 붙었다 떨어지면서 나는 소리는 입술소리로, 자음 'ㅁ, ㅂ, ㅃ, ㅍ'이 있습니다. 또한 목청에 힘이 덜 들어간 상태에서 자연스럽게 나오는 소리는 예사소리로, 자음 'ㄱ, ㄷ, ㅂ, ㅅ, ㅈ'이 있습니다. 따라서 '밥'의 'ㅂ'은 입술소리이자 예사소리로 보기 의 내용에 해당하는 자음만 쓰인 단어입니다.

오답 풀이
② '나비'의 자음 'ㄴ'은 혀끝이 윗잇몸에 닿으면서 나는 잇몸소리이므로 입술소리가 아닙니다.
③ '라면'의 자음 'ㄹ'은 혀끝이 윗잇몸에 닿으면서 나는 잇몸소리이므로 입술소리가 아닙니다.
④ '타조'의 자음 'ㅌ'은 혀끝이 윗잇몸에 닿으면서 나는 잇몸소리이므로 입술소리가 아니고, 입 밖으로 공기를 많이 내보내면서 거세게 나오는 거센소리이므로 예사소리도 아닙니다. 또한 자음 'ㅈ'도 혓바닥과 센입천장 사이에서 나는 센입천장소리이므로 입술소리가 아닙니다.
⑤ '코끼리'의 자음 'ㅋ'은 혀의 뒷부분과 여린입천장 사이에서 나는 여린입천장소리이므로 입술소리가 아닙니다. 또한 입 밖으로 공기를 많이 내보내면서 거세게 나오는 거센소리이므로 예사소리도 아니다. 자음 'ㄲ'은 혀의 뒷부분과 여린입천장 사이에서 나는 여린입천장소리이므로 입술소리가 아니고, 목청이 긴장된 상태에서 나오는 된소리이므로 예사소리도 아닙니다. 또한 자음 'ㄹ'은 혀끝이 윗잇몸에 닿으면서 나는 잇몸소리이므로 입술소리가 아닙니다.

5 답 (1) ㉡ (2) ㉠

파찰음에 해당하는 자음은 'ㅈ, ㅉ, ㅊ'이고, 마찰음에 해당하는 자음은 'ㅅ, ㅆ, ㅎ'입니다.

6 답 ⑤

단모음 중에서도 후설 모음인 'ㅡ, ㅓ, ㅏ, ㅜ, ㅗ'는 모두 입천장의 중간 지점을 기준으로 혀의 최고점이 뒤쪽에 있을 때 소리 내는 모음입니다.

오답 풀이
① 원순 모음에 대한 설명입니다.
② 고모음에 대한 설명입니다.
③ 저모음에 대한 설명입니다.
④ 전설 모음에 대한 설명입니다.

7 답 (1) 발, 발 (2) 돌, 돌 (3) 닻, 닻

'달'의 음운은 'ㄷ, ㅏ, ㄹ'로, 세 개의 음운 중 하나만 다른 글자를 찾습니다.

오답 풀이
(1) '발'은 '달'과 자음 하나만 다른 글자이면서 문장에도 어울립니다.
(2) '돌'은 '달'과 모음 하나만 다른 글자이면서 문장에도 어울립니다.
(3) '닻'은 '달'과 자음 하나만 다른 글자이면서 문장에도 어울립니다.

8 발음

01 모음의 발음　134~135 쪽

1 (1) 발음　(2) 저　(3) 자음　(4) 조사
2 (1) ○　(2) ×　(3) ○　(4) ×

1 답 (1) 발음　(2) 저　(3) 자음　(4) 조사

(1) 글자 '잎'을 [입]으로 발음하는 것처럼 표기와 발음이 다른 경우도 있습니다.
(2) 용언의 활용형에 나타나는 '져'는 [저]로, '쪄'는 [쩌]로, '쳐'는 [처]로 발음합니다.
(3) '띄어쓰기[띠어쓰기/띠여쓰기]', '무늬[무니]', '희망[히망]'과 같이 자음을 첫소리로 가지고 있는 'ㅢ'는 [ㅣ]로만 발음합니다.
(4) 조사 '의'는 [ㅢ]로 발음하는 것이 원칙이나 '우리의[우리의/우리에]', '강의의[강의의/강이에]'와 같이 [ㅔ]로도 발음할 수 있습니다.

2 답 (1) ○　(2) ×　(3) ○　(4) ×

(1) '예'는 [예], '례'는 [례]로만 발음하므로 '예절'은 [예절]로 발음합니다.
(2) 용언의 활용형에 나타나는 '져'는 [저]로, '쪄'는 [쩌]로, '쳐'는 [처]로 발음합니다. 따라서 밑줄 친 부분의 '다쳐'는 [다처]로 발음해야 합니다.
(3) '의'로 시작하는 단어의 '의'는 [ㅢ]로만 발음합니다.
(4) 자음을 첫소리로 가지고 있는 'ㅢ'는 [ㅣ]로만 발음합니다.

모음의 발음은 연결되는 소리에 따라 표기한 대로 발음되지 않는 경우가 있으므로, 대표적인 사례를 잘 알아 두어야 해요. 용언의 활용형에 나타나는 '져, 쪄, 쳐'는 [저, 쩌, 처]로 발음한다는 것, '예, 례' 이외의 'ㅖ'는 [ㅔ]로도 발음한다는 것, 자음을 첫소리로 가지고 있는 음절의 'ㅢ'는 [ㅣ]로만 발음한다는 것, 단어의 첫음절 이외의 '의'는 [ㅣ]로도, 조사 '의'는 [ㅔ]로도 발음한다는 것은 표준 발음법에도 나오는 내용이므로 잘 알아 두도록 해요.

02 홑받침과 쌍받침의 발음 `136~137 쪽`

1 (1) ✕ (2) ◯ (3) ✕ (4) ◯

2 (1) 꼳 (2) 압 (3) 낙씨 (4) 바께

---

1 답 (1) ✕ (2) ◯ (3) ✕ (4) ◯

(1) 같은 자음 글자가 겹쳐진 'ㄲ, ㄸ, ㅃ, ㅆ, ㅉ' 중 받침으로 쓰는 것은 'ㄲ, ㅆ'뿐입니다.

(2) 홑받침은 '박'의 받침 'ㄱ'과 같이 하나의 자음 글자로 이루어진 받침이고, 쌍받침은 '밖'의 받침 'ㄲ'과 같이 같은 자음 글자가 겹쳐서 이루어진 받침입니다.

(3) 단어 끝 또는 자음 앞에서 홑받침 'ㄱ, ㄴ, ㄷ, ㄹ, ㅁ, ㅂ, ㅇ'은 원래 소리대로 [ㄱ, ㄴ, ㄷ, ㄹ, ㅁ, ㅂ, ㅇ]의 7개의 소리로만 발음하고, 그 외의 홑받침이나 쌍받침은 [ㄱ, ㄷ, ㅂ]으로 바꾸어 발음합니다.

(4) 홑받침이나 쌍받침이 모음으로 시작된 조사나 어미와 만날 때에는 원래 소리대로 뒷말의 첫소리로 옮겨 발음합니다.

2 답 (1) 꼳 (2) 압 (3) 낙씨 (4) 바께

(1) 단어 끝 또는 자음 앞에서 받침 'ㄷ, ㅌ, ㅅ, ㅆ, ㅈ, ㅊ'은 [ㄷ]으로 발음하므로, '꽃'의 올바른 발음은 [꼳]입니다.

(2) 단어 끝 또는 자음 앞에서 받침 'ㅂ, ㅍ'은 대표음 [ㅂ]으로 발음하므로, '앞'의 올바른 발음은 [압]입니다.

(3) 단어 끝 또는 자음 앞에서 받침 'ㄱ, ㄲ, ㅋ'은 대표음 [ㄱ]으로 발음하므로, '낚시'의 올바른 발음은 [낙씨]입니다.

(4) 받침 'ㄲ'이 모음으로 시작된 조사 '에'와 만난 경우이므로, 원래 소리대로 뒷말의 첫소리로 옮겨 [바께]로 발음합니다.

> **이렇게 설명해 주세요**
>
> 우리말의 자음이 받침으로 쓰일 때에는 대표음인 [ㄱ, ㄴ, ㄷ, ㄹ, ㅁ, ㅂ, ㅇ]의 7개의 소리로만 발음해요. 따라서 '낫', '낮', '낯'과 같은 낱말은 모두 [낟]으로 발음하지요.
> 그런데 홑받침이나 쌍받침이 모음으로 시작된 조사나 어미와 만날 때에는 대표음으로 바꾸지 않고 원래 소리대로 뒷말의 첫소리로 옮겨 발음해요. '낫에'는 [나세]로, '낮에'는 [나제]로 발음하는 것처럼요. '낫에'나 '낮에'를 [나데]로 발음하지 않게 주의하도록 해요.

03 겹받침의 발음 `138~139 쪽`

1 (1) ✕ (2) ✕ (3) ◯ (4) ✕

2 (1) ㉡ (2) ㉠ (3) ㉣ (4) ㉢

---

1 답 (1) ✕ (2) ✕ (3) ◯ (4) ✕

(1) 겹받침은 항상 두 자음을 모두 발음하는 것이 아니라 앞 자음으로 발음하기도 하고 뒤 자음으로 발음하기도 하며, 두 자음을 모두 발음하기도 합니다.

(2) 겹받침은 서로 같은 두 개의 자음으로 이루어진 받침이 아니라, 서로 다른 두 개의 자음으로 이루어진 받침입니다.

(3) 겹받침은 자음으로 시작하는 말 앞에서 홑받침이나 쌍받침처럼 대표음 7개 중 하나로 발음합니다.

(4) 모음으로 시작된 조사나 어미 등의 앞에서는 겹받침의 뒤 자음을 뒷말의 첫소리로 옮겨 발음합니다.

2 답 (1) ㉡ (2) ㉠ (3) ㉣ (4) ㉢

(1) 겹받침 'ㄵ'은 단어 끝 또는 자음 앞에서 [ㄴ]으로 발음합니다. 따라서 '앉다'는 [안따]로 발음하는 것이 알맞습니다.

(2) 겹받침 'ㄺ'은 단어 끝 또는 자음 앞에서 [ㄱ]으로 발음합니다. 따라서 '맑다'는 [막따]로 발음하는 것이 알맞습니다.

(3) 겹받침 'ㄼ'은 단어 끝 또는 자음 앞에서 [ㄹ]으로 발음하지만, '밟'은 자음 앞에서 [밥]으로 발음합니다. 따라서 '밟다'는 [밥따]로 발음하는 것이 알맞습니다.

(4) 겹받침 'ㄼ'은 단어 끝 또는 자음 앞에서 [ㄹ]으로 발음합니다. 따라서 '넓다'는 [널따]로 발음하는 것이 알맞습니다.

> **이렇게 설명해 주세요**
>
> 홑받침, 쌍받침처럼 겹받침 역시 대표음 [ㄱ, ㄴ, ㄷ, ㄹ, ㅁ, ㅂ, ㅇ]의 7개로 발음하는데, 앞 자음으로 발음하는 경우와 뒤 자음으로 발음하는 경우, 그리고 두 자음을 모두 발음하는 경우가 있으므로 잘 알아 두어야 해요.
> 특히 '밟'은 자음 앞에서 [밥]으로 발음하고(예 밟대[밥따], 밟지[밥찌]), '넓'은 다음과 같은 경우에는 [넙]으로 발음하며(예 넓죽하다[넙쭈카다], 넓둥글다[넙뚱글다]), 용언의 어간 끝인 'ㄺ'은 'ㄱ' 앞에서 [ㄹ]로 발음하므로(예 맑게[말께], 읽고[일꼬]) 헷갈리지 않도록 주의해야 해요.

실력 확인하기　　140~141 쪽

1 (1) ✕　(2) ◯　(3) ◯　(4) ✕
2 ①　**3** ②　**4** ⑤　**5** ②, ④　**6** ②
7 (1) ㄱ, 닥　(2) ㄴ, 안　(3) ㅂ, 갑

---

1 답 (1) ✕　(2) ◯　(3) ◯　(4) ✕

(1) '의'로 시작하는 단어의 '의'는 [ㅢ]로만 발음합니다. 따라서 '의사'는 [의사]로만 발음해야 합니다.

(2) '의'가 첫음절이 아닐 때에는 [ㅢ]가 원칙이나 [ㅣ]로도 발음할 수 있습니다. 따라서 '주의'는 [주의]로도 발음할 수 있고, [주이]로도 발음할 수 있습니다.

(3) 조사 '의'는 [ㅢ]가 원칙이나 [ㅔ]로도 발음할 수 있습니다(예 강의의[강의의/강이에]).

(4) '의'로 시작하는 단어의 의는 [ㅢ]로만 발음하고, '의'가 첫음절이 아닐 때에는 [ㅢ]가 원칙이나 [ㅣ]로도 발음할 수 있으며, 조사 '의'는 [ㅢ]가 원칙이나 [ㅔ]로도 발음할 수 있습니다. 자음을 첫소리로 가지고 있는 'ㅢ'는 [ㅣ]로만 발음해야 합니다.

2 답 ①

단어 끝에서 받침 'ㄷ, ㅌ, ㅅ, ㅆ, ㅈ, ㅊ'은 대표음 [ㄷ]으로 발음하므로, '낫, 낮, 낮, 낱'의 발음은 모두 [낟]입니다.

3 답 ②

홑받침이나 쌍받침이 모음으로 시작된 조사나 어미와 만날 때에는 원래 소리대로 뒷말의 첫소리로 옮겨 발음하므로, '닦으면'은 '닦'의 받침 'ㄲ'을 뒷말의 첫소리로 옮겨 [다끄면]으로 발음해야 합니다.

4 답 ⑤

겹받침 'ㄲ, ㄵ, ㄼ, ㄽ, ㄾ, ㅄ'은 단어 끝 또는 자음 앞에서 가가 앞이 자음으로 발음하므로, ⑤'앉다[안따]'의 겹받침 'ㄵ'이 앞의 자음인 [ㄴ]만 발음됩니다.

> 오답 풀이
> ① 겹받침 'ㄺ'은 단어 끝 또는 자음 앞에서 [ㄱ]으로 발음하므로, '읽다[익따]'는 겹받침 'ㄺ'이 뒤의 자음 'ㄱ'으로 발음됩니다.
> ② 겹받침 'ㄿ'은 단어 끝 또는 자음 앞에서 [ㅂ]으로 발음하므로, '읊다[읍따]'는 겹받침 'ㄿ'이 뒤의 자음 'ㅍ'이 대표음 [ㅂ]으로 발음됩니다.
> ③ 겹받침 'ㄻ'은 단어 끝 또는 자음 앞에서 [ㅁ]으로 발음하므로, '옮다[옴따]'는 겹받침 'ㄻ'이 뒤의 자음 [ㅁ]으로 발음됩니다.
> ④ 겹받침 'ㄺ'은 단어 끝 또는 자음 앞에서 [ㄱ]으로 발음하므로, '맑다[막따]'는 겹받침 'ㄺ'이 뒤의 자음 [ㄱ]으로 발음됩니다.

5 답 ②, ④

> 보기 '가엾다'에서 '엾'의 겹받침 'ㅄ'은 단어 끝 또는 자음 앞에서 [ㅂ]으로 발음합니다.

② '값[갑]'의 겹받침 'ㅄ'은 단어 끝 또는 자음 앞에서 [ㅂ]으로 발음합니다.

④ '읊고[읍꼬]'의 겹받침 'ㄿ' 또한 단어 끝 또는 자음 앞에서 [ㅂ]으로 발음합니다.

> 오답 풀이
> ① 겹받침 'ㄼ'은 단어 끝 또는 자음 앞에서 [ㄹ]로 발음하므로, '여덟[여덜]'의 겹받침 'ㄼ'의 발음은 [ㄹ]입니다.
> ③ 겹받침 'ㄺ'은 단어 끝 또는 자음 앞에서 [ㄱ]으로 발음하므로, '맑대[막때]'의 겹받침 'ㄺ'의 발음은 [ㄱ]입니다.
> ⑤ 겹받침 'ㄾ'은 단어 끝 또는 자음 앞에서 [ㄹ]로 발음하므로, '핥고[할꼬]'의 겹받침 'ㄾ'의 발음은 [ㄹ]입니다.

6 답 ②

겹받침 'ㄺ'은 단어 끝 또는 자음 앞에서 [ㄱ]으로 발음하지만, 용언의 어간 끝인 'ㄺ'은 'ㄱ' 앞에서 [ㄹ]로 발음하므로, ②'읽고'는 [일꼬]로 발음하는 것이 알맞습니다.

> 오답 풀이
> ① 용언의 어간 끝인 'ㄺ' 뒤에 'ㄱ' 앞에서 [ㄹ]로 발음하므로, '밝게'의 발음은 [발께]가 알맞습니다.
> ③ 모음으로 시작된 조사 앞에서는 겹받침의 뒤 자음을 뒷말의 첫소리로 옮겨 발음하므로, '앞에'의 발음은 [아페]가 알맞습니다.
> ④ 모음으로 시작된 조사 앞에서는 겹받침의 뒤 자음을 뒷말의 첫소리로 옮겨 발음하며, 이 경우 'ㅅ'은 [ㅆ]으로 발음하므로, '값을'의 발음은 [갑쓸]이 알맞습니다.
> ⑤ 모음으로 시작된 어미 앞에서는 겹받침의 뒤 자음을 뒷말의 첫소리로 옮겨 발음하므로, '볶음'의 발음은 [보끔]이 알맞습니다.

7 답 (1) ㄱ, 닥　(2) ㄴ, 안　(3) ㅂ, 갑

(1) 겹받침 'ㄺ'은 단어 끝 또는 자음 앞에서 [ㄱ]으로 발음합니다. 따라서 '닭[닥]', '닭과[닥＋과 → 닥꽈]'로 발음합니다. 따라서 □□□에 들어갈 알맞은 발음은 [닥]입니다.

(2) 겹받침 'ㄵ'은 단어 끝 또는 자음 앞에서 [ㄴ]으로 발음합니다. 따라서 '앉다[안＋다 → 안따]', '앉＋지[안＋지 → 안찌]'로 발음합니다. 따라서 □□□에 들어갈 알맞은 발음은 [안]입니다.

(3) 겹받침 'ㅄ'은 단어 끝 또는 자음 앞에서 [ㅂ]으로 발음합니다. 따라서 '값[갑]', '값도[갑＋도 → 갑또]'로 발음합니다. 따라서 □□□에 들어갈 알맞은 발음은 [갑]입니다.

내신과 수능의 빠른시작!
중학 국어 빠작 시리즈

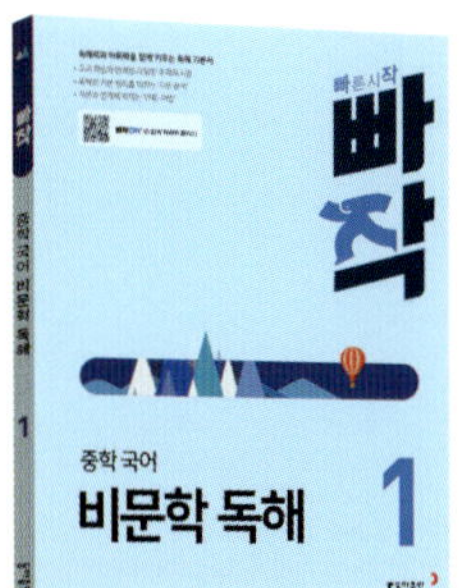

비문학 독해 0~3단계
독해력과 어휘력을 함께 키우는 독해 기본서

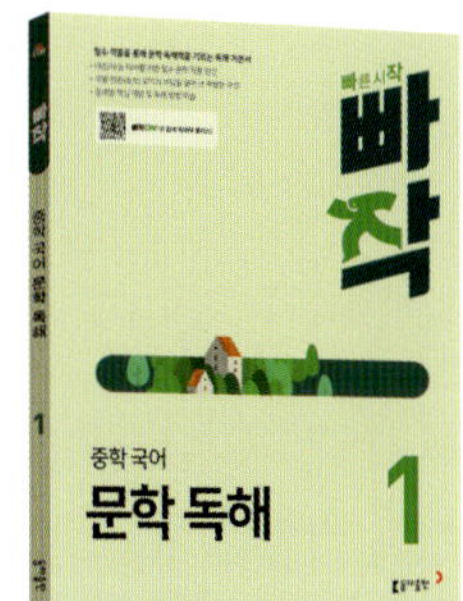

문학 독해 1~3단계
필수 작품을 통해 문학 독해력을 기르는 독해 기본서

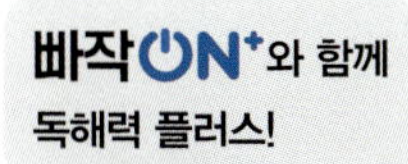

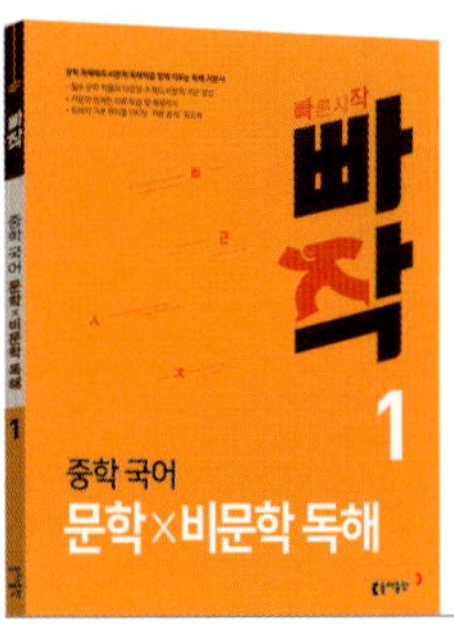

문학X비문학 독해 1~3단계
문학 독해력과 비문학 독해력을 함께 키우는 독해 기본서

고전 문학 독해
필수 작품을 통해 고전 문학 독해력을 기르는 독해 기본서

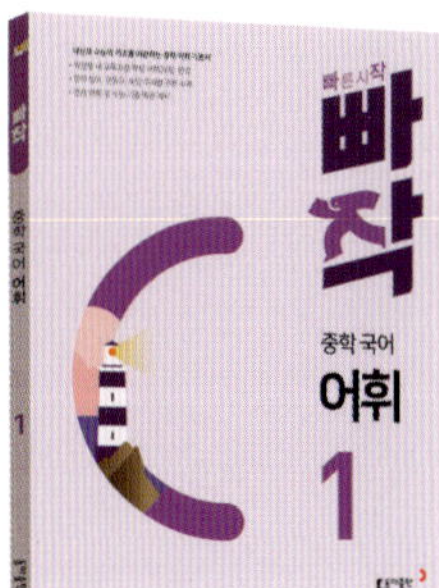

어휘 1~3단계
내신과 수능의 기초를 마련하는 중학 어휘 기본서

한자 어휘
중학 국어 필수 어휘를 배우는 한자 어휘 기본서

서술형 쓰기
유형으로 익히는 실전 TIP 중심의 서술형 실전서

첫 문법
중학 국어 문법을 쉽게 익히는 문법 입문서

문법
풍부한 문제로 문법 개념을 정리하는 문법서

빠작

초등 국어 **문법**

믿고 보는 동아출판
초등 교재

기초학습서부터 교과서 개념 다지기, 과목별 전문서까지!
초등학교 입학 전부터, 예비 중등까지!
초등학생에게 꼭 필요한 영역을 빠짐없이! 동아출판 초등 교재 라인업

BEST

2022 개정
교육과정

초등 1~2학년
공부 단력
초능력

맞춤법 + 받아쓰기

쉽고 빠른
맞춤법 학습
받아쓰기
단계별 연습
국어 교과서
어휘 학습

초등 국어
1·2

초능력
비주얼씽킹 과학

초능력
비주얼씽킹 초등 한국사

초능력
수학 연산

초능력
국어 독해

초능력
급수 한자

초등 영역별 기초학습서
초능력 국어 / 수학 / 과학 / 한국사 / 한자

초고필
비문학 독해 1

5~6학년
예비 중등

초고필
유리수의
사칙연산

초고필
지금, 국어 문법을
해야 할 때

초고필
지금 국어 어휘
를 해야 할 때

반편성 배치고사
+ 진단평가

초고필
지금 한국사
를 해야 할 때

예비 중등
초고필 국어 / 수학 / 한국사
적중 반편성 배치고사 + 진단평가